SE RETROUVER SOI-MÊME

CARLO MARIA MARTINI, s. j.
Cardinal - Archevêque de Milan

SE RETROUVER SOI-MÊME

A la recherche de soi
à travers les Évangiles

Traduit de l'italien par Christine Barbacci-Marotta

ÉDITIONS BREPOLS
23, rue des Grands-Augustins
F – 75006 Paris

Couverture : Corinne Leveuf

ISBN 2-503-83095-1

1ère édition 1996
2e édition mars 1996

15033 Casale Monferrato (AL) – via del Carmine, 5 ITALIA

Introduction

Ce livre du Cardinal Carlo Maria Martini, archevêque de Milan, s'adresse à ceux qui, croyants ou non, considèrent que l'introspection, source constante d'interrogation sur soi-même et de réflexion, est une dimension incontournable de leur vie.

Les croyants y trouveront de quoi méditer sur leur itinéraire de Carême, afin que leur foi puisse davantage devenir adulte, se pose des questions et sache rendre compte d'elle-même.

Les non-croyants seront invités à se confronter à l'approche chrétienne de thèmes qui sont, pour tous, d'une brûlante actualité : le silence et la prière sont une attente pour beaucoup aujourd'hui, quelle qu'en soit l'interprétation; la réconciliation avec soi-même semble la condition indispensable de la survie des personnes et de la société ; et la reconnaissance du péché, sa dénonciation et son rejet – qu'il soit personnel, structurel ou idéologique – vise tout ce qui, d'une manière ou d'une autre, dégrade la dignité de l'homme et l'humilie.

1. L'amour de Dieu pour l'homme

Pour découvrir Dieu, le retour à la Bible s'impose. Il faut revenir à cet ensemble de livres de l'Ancien et du Nouveau Testament, écrits au cours d'un demi-millénaire. Ils contiennent, en effet, l'unique Parole de Dieu et mettent en lumière son dessein de sauvetage de l'homme.

Évidemment, l'Écriture ne traite pas du problème de l'existence de Dieu, mais elle révèle plutôt le visage du Vrai Dieu. Non un Dieu vindicatif, susceptible, exigeant, demandant à l'homme ce que ce dernier ne peut donner. Encore moins un Dieu lointain, qui se désintéresserait du monde. Le Dieu de la Bible est amour et miséricorde, il va à la recherche de l'homme qu'il a créé et qu'il veut rendre heureux.

La vie, la mort, l'amitié, la douleur, l'amour, la famille, le travail, les situations personnelles, la solitude, les mouvements secrets du cœur, les grands phénomènes de société et d'époque, toute cette vie humaine nous est transmise, sous un éclairage neuf et vrai par la Parole de Dieu dans la Bible.

Ce n'est pas un hasard si l'Écriture constitue l'irremplaçable source culturelle de l'Église, son expression fondamentale et permanente, son texte de référence.

Le vrai visage de Dieu ressort des Évangiles de Marc, Jean et Luc. Avant d'être écrits, les Évangiles ont été transmis oralement. Dans la version grecque, le terme « évangile » signifie littéralement « l'heureuse nouvelle » qu'un messager apporte. Cette « bonne nouvelle », portée et prêchée par Jésus, est Jésus lui-même, elle s'identifie avec la personne du Christ comme accomplissement des promesses messianiques et intervention définitive de Dieu dans l'histoire.

La désignation d'« Évangile » pour les écrits de Matthieu, Marc, Luc et Jean, qui date du début du deuxième siècle, veut indiquer la relation très étroite que ces textes entretiennent avec le message de Jésus et des apôtres.

Le mystère de Dieu dans l'Évangile selon Marc

Il est intéressant de réfléchir au mystère de Dieu à partir de l'Évangile selon Marc ; mieux encore, de voir quelle part prend le sens de Dieu dans le cheminement proposé au catéchumène, celui qui se prépare à embrasser la foi.

Remarquons tout d'abord à quel point on parle peu de Dieu dans cet Évangile, à quel point l'enseignement sur Dieu paraît pauvre.

Chez Marc le nom de *Dieu* apparaît trente-sept fois, contre quarante-huit chez Matthieu et cent huit chez Luc. Il en va de même pour la mention de *Père*. Elle apparaît treize fois, mais Marc la réfère à peine cinq fois à Dieu. À l'inverse, le texte de Jean recèle des centaines d'occurrences du nom de Père se référant à Dieu, une catéchèse sur Dieu faisant évidemment partie de l'instruction du chrétien éclairé.

Pourquoi donc ce silence sur Dieu ? Pourquoi Marc en parle t-il peu ?

Nous devons nous reporter à la situation concrète des catéchumènes de l'Église primitive. Ceux à qui s'adresse l'Évangile de Marc – ils sont issus en grande partie de la tradition païenne – possédaient déjà un grand sens religieux. La pensée, la parole, le mot, la mention régulière de Dieu ne leur étaient pas étrangers. Parlant des Païens, saint Paul dit justement : « On prétend, il est vrai, que, soit dans le ciel, soit sur la terre, il y a d'autres dieux (il existe, en effet, un bon nombre de dieux et de seigneurs-*kyrioi*-) [...] (*I Corinthiens* 8, 5). Il est, à cet égard, révélateur que Paul, entrant dans Athènes, s'irrite de la présence permanente de simulacres de divinités et de l'extrême superstition des habitants de la ville.

Le catéchuménat était alors dispensé à des personnes qui, au fond, avaient peut-être trop le mot Dieu à la bouche. Le problème était moins d'éduquer au sens de la divinité, que de contrecarrer une religiosité erronée.

Nous pouvons immédiatement nous interroger : notre actuelle situation d'athéisme diffus est-elle pire ? Il peut se révéler plus aisé de parler du Dieu vrai dans un contexte d'athéisme que de le faire lorsque la superstition ambiante engendre naturellement déformation ou dénaturation.

Comment se trouvait alors dispensée l'instruction sur Dieu au catéchumène ?

En grande partie, elle se fondait probablement sur l'Ancien Testament, en particulier sur les *Psaumes*. Le livre des *Psaumes* éduquait le catéchumène au vrai sens de Dieu et la communauté primitive – même de chrétiens provenant du paganisme – lisait souvent et connaissait bien chacun des *Psaumes*. Leur reprise fréquente dans le Nouveau Testament n'est pas explicable autrement.

Nous voulons parcourir brièvement les textes essentiels de l'Évangile de Marc – une quinzaine environ – où figurent des allusions directes ou indirectes à Dieu. Afin de mettre en évidence ce qui s'y trouve souligné et qui a été jugé primordial dans le cheminement initial vers Dieu et vers l'intimité avec le Seigneur Jésus.

L'initiative mystérieuse de Dieu

Qui est Dieu ? C'est celui qui prend une initiative mystérieuse : « Voici que j'envoie mon messager devant toi » (*Marc* 1, 2). Dieu n'est pas nommé, son initiative s'avère mal définie ; quelque chose est sur le point d'arriver ; Dieu, d'une certaine façon, vient à notre rencontre.

Il est donc le Dieu qui vient. « Préparez le chemin du Seigneur » (1, 3) : Dieu arrive. Cette désignation, claire et mystérieuse à la fois, de Dieu qui vient vers nous de sa propre initiative, apparaît plus loin : « Jésus vit les cieux entrouverts... » (1, 10). Le Père qui, aux Cieux, se rend présent à notre réalité, à notre expérience, se met du ciel en relation avec nous.

Et il communique à travers le Fils : « Tu es mon Fils bien-aimé ; sur toi je porte mon affection. » (1, 11). C'est à travers le Fils que nous appréhendons le mystère de Dieu. Dieu apparaît en mystère insondable qui, à un certain moment, prend une initiative mystérieuse afin de nous secouer. C'est peu, mais tout ce qui peut provoquer un sentiment d'attente, de préparation est dit.

Le catéchumène n'est pas invité à dire immédiatement : « Dieu est ici, Dieu est celui-ci ou celui-là. » Il lui faut plutôt comprendre que Dieu prend possession de sa vie, qu'il vient à sa rencontre grâce à une initiative mystérieuse.

Un Dieu qui pardonne

« Jésus se rendit en Galilée. Il proclamait l'Évangile de Dieu » (1, 14) ; nous savons indirectement que Dieu est le Dieu de l'Évangile. « Le règne de Dieu est là » (1, 15) ; Dieu est le Dieu du Règne. Voilà deux indications très importantes : Dieu t'apporte une bonne nouvelle et cette dernière transforme ta situation ; Dieu est sur le point de remettre les choses à leur place, mystérieusement.

Dieu entre par conséquent dans ta vie comme un message bouleversant, porteur de joie, lequel vient réordonner son cours. On ignore encore ce que Dieu veut, mais on se prépare à une nouveauté mystérieuse qui va pénétrer notre intimité.

Plus loin, nous trouvons une autre allusion, mystérieuse parce qu'indirecte : « Vers le matin, encore en pleine obscurité, il se leva, sortit et se rendit en un lieu désert, et là il était à prier. » (1, 35). Dieu est celui que le Christ prie. Jésus, dépeint tel le Fils modèle, s'avère en mystérieuse union avec Dieu. Et nous, sans même en savoir davantage, nous nous retrouvons plongés dans l'attente, la révérence, la tension vers le mystère de Dieu qui, à travers le Christ, se révèle.

Dans le chapitre suivant, on relève encore cette phrase : « Qui peut remettre les péchés, si ce n'est Dieu seul ? » (2, 7). Cette parole vient d'adversaires, mais sert à souligner que Dieu est celui qui peut pardonner.

Nous voyons ainsi comment s'effectue un renversement de la mentalité païenne. Pour cette dernière, Dieu était à la disposition de l'homme et celui-ci pouvait le toucher de la main et en gagner la faveur, demandant et obtenant ce qu'il voulait. Un dieu en face duquel l'homme se trouvait en position manipulatrice.

Au contraire, aujourd'hui, l'homme se retrouve en état de totale passivité, d'attente, d'écoute, de révérence et de respect. Dieu est, à l'inverse, sur le point d'agir et de mettre en œuvre son Règne.

Nous devons humblement écouter sans comprendre, être prêts à nous rendre là où Il veut nous conduire.

Dès le chapitre 2, et au-delà, Dieu est très peu mentionné parce c'est Jésus qui agit et se prépare à nous révéler le mystère en sa personne. Dans ces conditions, la catéchèse de Dieu n'apparaît pas au premier plan. L'homme s'étant rendu disponible, la marche à la suite du Fils commence, qui permet de nous purifier d'une manière erronée de comprendre Dieu, d'arriver à en connaître la vérité.

Un Dieu bon et fidèle

Dans les chapitres 11, 12 et 13 de l'Évangile de Marc, quatre mentions de Dieu reprennent toutefois des thèmes de l'Ancien Testament.

Ils nous permettent de constater que Marc ne perdait pas de vue les points de départ fondamentaux d'une catéchèse du « Dieu de notre Seigneur Jésus Christ ».

Le premier de ces thèmes, nous le découvrons dans la réponse de Jésus – « Il n'est de bon que Dieu seul. » (10, 18) – lorsqu'il révèle au catéchumène la ***bonté*** de Dieu, le seul que l'on puisse aimer « de tout ton cœur, de toute ton âme, de tout ton esprit et de toute ta force » comme il est dit en *Marc* 12, 30 (*cf. Deutéronome* 6, 4-5).

Un autre point de catéchèse de l'Ancien Testament se retrouve au chapitre suivant, dans l'exhortation : « Ayez ***foi*** en Dieu » (11, 22). Remarquons ici que le texte grec est beaucoup plus mystérieux lorsqu'il dit : ***échete pístin Theoú***. Il renverse en effet la question : qui est Dieu ? Il est celui qui mérite foi, confiance et ***total abandon*** : le catéchumène doit s'abandonner au mystère de Dieu qui veut agir en lui.

Dans le chapitre 13, une autre allusion est faite à l'Ancien Testament. Le Dieu de la création est évoqué de manière détournée : « Depuis le commencement du monde que Dieu a créé, jusqu'à présent » (13, 19).

Les thèmes bibliques du Dieu Unique, Bon, Fidèle, Créateur, Réalité suprême à aimer étaient, on le voit, très présents. Marc offre, en effet, un modèle de catéchèse pour des personnes qui croyaient en ces valeurs. C'est sur elles que s'est construite l'idée évangélique du Dieu qui vient, qui prend une initiative pleine de mystère, du Dieu auquel il faut s'abandonner et qui nous guide au moyen du Christ.

Un Dieu à qui tout est possible

Pour finir, relevons deux textes fondamentaux et révélateurs de l'identité de Dieu chez Marc.

Dans le chapitre 14 tout d'abord, cette prière : « Abba ! Père ! suppliait-il ; toutes choses te sont possibles ; éloigne de moi cette coupe ! » (verset 36).

Cette représentation, à travers les mots de Jésus, désigne le Dieu à qui tout est possible (idée de l'Ancien Testament), le Dieu qui peut éloigner la coupe, mais qui, en réalité, ne le fait pas. C'est un Dieu auquel il faut s'en remettre totalement parce qu'il a sur nous un pouvoir total et nous guide par des chemins mystérieux tout comme il a guidé le Christ.

Le catéchumène est invité à délaisser une idée humainement préfabriquée, selon laquelle tout est préétabli, l'idée d'un Dieu sur lequel il peut s'appuyer et dont il peut obtenir ce qu'il veut, en se livrant à tel ou tel acte du culte. Au profit d'un Dieu qui, mystérieusement, intervient, le conduit avec bonté et le mène où Il veut au moyen de l'initiative évangélique de salut qui, pour l'homme, est toujours imprévisible et déconcertante.

Le dernier texte où Jésus nous parle de Dieu est le plus dramatique de l'Évangile. Sur la Croix, il s'écrie : « Mon Dieu, mon Dieu, pourquoi m'as-tu abandonné ? » (15, 34). Pourquoi est-ce sur ce passage que se conclut, chez Marc, la série des allusions au mystère de Dieu ?

En fait, nous atteignons là le sommet de la révélation. Le Dieu de l'Évangile, à qui tout est possible, qui dispose de toute chose et à qui nous nous en remettons totalement, peut ne pas faire ce que nous en attendons et même, apparemment, nous abandonner comme il l'a fait pour son Fils. Les mots de Jésus n'en expriment pas moins un immense espoir. Il ne faut toutefois pas oublier qu'il parle d'« abandon ». Dieu a laissé le Christ dans un état d'amertume, de désolation extérieure, d'isolement, comme s'il l'avait effectivement délaissé.

Le catéchumène est appelé à une réflexion attentive : prends garde au chemin dans lequel tu t'engages, ce n'est pas un chemin où Dieu t'assurera, succès après succès, la réussite que tu auras déjà programmée ; tu te mets dans les mains d'un Dieu mystérieux qui est bon, qui attend de toi le meilleur, mais qui n'est pas à ta façon.

Le visage de Dieu dans l'Évangile selon Jean

L'origine et l'aboutissement de la prédication de Jean

1. C'est dans le Prologue de son Évangile que nous trouvons le principe et la source de la prédication de Jean. Contrairement à celle de Marc, elle est écrite pour le chrétien qui a déjà compris le sens de la foi et marche à la suite de Jésus. La prédication de Jean constitue une discipline spirituelle aidant à reconnaître les implications considérables de la présence du Verbe parmi nous.

Il nous relate les origines, ce qu'il y avait *au commencement*, qui explique toute chose et donne le motif de tout ce qui existe. Il nous révèle le sens d'un monde dû à celui qui est le *Logos*, la Parole, le Verbe de Dieu, *Logos* signifiant également « sens ».

Dans le Prologue, Jean met en relation l'origine du monde et la venue de Jésus sur terre : « Et le Verbe s'est fait chair, et il a dressé sa tente parmi nous » (1, 14). Il réalise dans le Nouveau Testament la synthèse pénétrante du mystère de la préexistence de Jésus .

Le terme de *Logos*, qui désigne le protagoniste des dix-huit versets du Prologue, est vraiment désespérant, parce qu'il possède de multiples significations : l'esprit, la raison, les comptes et beaucoup d'autres choses encore. On peut se demander pourquoi Jean l'a choisi plutôt que d'autres, plus précis. S'il voulait indiquer la « Parole de Dieu », pourquoi ne pas avoir choisi *rêma*, qui était certainement plus adapté pour désigner le Verbe créateur de Dieu ? S'il voulait évoquer la « sagesse », pourquoi par exemple n'a t-il pas choisi *sophía* ou d'autres mots analogues ? Nous nous trouvons face à une multitude de significations et il me paraît utile de s'arrêter sur les principales, en préférant le terrain de la méditation existentielle plutôt que celui de l'exégèse.

Pour un Grec se référant aux interprétations philosophiques du moment, le sens le plus courant était celui de *logos* des choses, l'interprétation du sens de la réalité.

Les exégètes n'insistent pas, en général, sur cette signification et soutiennent que la dérivation du *logos* de Jean serait d'origine sapientielle ou vétéro-testamentaire. En réalité, il est impossible d'imaginer qu'un chrétien d'Ephèse, entendant parler de *logos* au sens absolu, ne pensait pas, en ce temps-là, à l'interprétation du sens des choses, au pourquoi du monde, et ne commençait pas ainsi sa réflexion.

Je relève donc cinq sens fondamentaux : l'interprétation du sens de la réalité ; la parole créatrice : Dieu créa au moyen de la parole ; la sagesse ordonnatrice ; la parole qui illumine et qui vivifie ; la parole révélatrice : le Fils de Dieu vient parmi nous à travers Jésus (s'incarne) et c'est Jésus qui révèle le Père.

Il me semble que Jean considère l'ensemble de ces significations comme si elles s'articulaient les unes aux autres. Reprenons-les dans l'ordre, afin de reconstruire le dessein de Jean.

– *Logos est le sens profond des choses,* le sens profond de mon existence tel que Dieu a établi qu'il soit. Voilà certainement le message dont il faut partir, évident malgré son caractère implicite. Mon existence – et la situation de l'être humain – a un sens, une signification en Dieu.

– *Logos est la parole créatrice* ; le sens profond de la réalité, de toutes les choses, de ma situation humaine dépend de Dieu. Dépendance qu'il faut reconnaître dans la louange et dans le respect. Si, en dernière analyse, le sens de toute chose est une parole créatrice de Dieu, l'homme doit avant tout manifester sa situation de dépendance totale envers Dieu, la reconnaître avec respect et louange. Hors de là, aucune discipline spirituelle ne peut être construite.

– *Logos est la sagesse ordonnatrice* : c'est auprès de Dieu que se trouve le sens dernier non seulement de l'être des choses, mais de l'être « ici et maintenant ». Toutes les manifestations de l'existence, tout ce qui est ***gégonen*** (« est arrivé ») et arrive maintenant, prend son sens dans la sagesse ordonnatrice de Dieu. Cette considération est vaste et éclairante car, dès lors, aucune situation humaine n'est dénuée de sens, même la plus étrange en apparence, qu'il s'agisse de mon état d'homme, de la situation de l'humanité et du monde, de la situation de l'Église. Tout a un sens dans la sagesse ordonnatrice de Dieu. Si la confiance en celle-ci vient à manquer, on se prend d'effroi devant une impression de désordre illimité.

– *Logos est phôs* (lumière) *et zoé* (vie). En dépit des zones d'ombre de la situation contemporaine de l'homme, de la tradégie humaine nous environnant, des épreuves de l'Église, des situations presque absurdes dans lesquelles le monde se trouve plongé et où nous pouvons également nous retrouver, il existe au fond de tout un « Évangile ».

« Un "Évangile" qui assure qu'il y a une raison lumineuse et vivifiante à toutes ces choses. Il nous faut simplement la saisir et nous laisser transformer par elle. »

– *Logos est Jésus Christ parmi nous qui nous parle du Père*. Les paroles de Jésus, que nous recevons dans l'Écriture, et sa vie même constituent le sens lumineux et édifiant de l'expérience humaine ainsi que nous la percevons. Elles sont le fondement sûr et nécessaire sur lequel se bâtit la construction ultérieure. Sans confiance profonde dans la sagesse créatrice qui agit dans les circonstances présentes et se manifeste dans le Christ comme « Évangile », il n'existe aucun espoir de mieux faire et de se transformer, aucun espoir pour le monde. Notre espoir repose tout entier dans l'enracinement de toute chose dans sa raison ultime, qui est la création divine et la présence de Jésus Christ parmi nous. C'est ce dernier qui nous révèle la parole de Dieu et engendre vérité et grâce dans le monde : « Il est plein de grâce et de vérité » (*Jean* 1, 14).

L'Évangile de Jean détermine par conséquent une attitude résolue et inspirée, au sens où tout dépend de Dieu et va vers Dieu. Notre action peut alors s'insérer avec sens, raison et justesse dans un tel mouvement, quelle que soit notre condition présente.

2. Pour appréhender l'aboutissement de la prédication de Jean, il faut savoir que, dans son Évangile (qui est l'Évangile des symboles, des similitudes et des figures), la deuxième partie (chapitres 13-21) éclaire la première (chapitres 1-12). C'est surtout dans les discours, du chapitre 13 au chapitre 17 – là où l'on dit de Jésus : « Cette fois-ci tu parles ouvertement, et non plus en langage figuré » – que nous devons chercher et trouver le sens des signes qui précèdent. Parmi les discours, je me réfère au texte de Jean 15 ,15 : « Je ne vous appelle plus serviteurs [...] je viens de vous appeler amis. » C'est le point d'arrivée de la discipline spirituelle à

laquelle Jean soumet le disciple : le Verbe est reçu parmi nous dans l'intimité mystérieuse de l'amitié.

Le terme « ami » est rare dans le Nouveau Testament : il indique des situations profanes de la vie. Jean est le seul évangéliste qui, avec le terme ***phîlos, phileîn***, désigne le rapport avec le Christ. C'est pourquoi il est intéressant d'en approfondir la signification et de nous interroger sur les figures du Seigneur chez Jean, lorsqu'il nous montre concrètement où il veut nous conduire.

Le quatrième Évangile nous présente ainsi une galerie de portraits d'amis du Seigneur, qui, chacun, approfondissent un aspect de l'intimité avec le Verbe parmi nous.

Six noms me paraissent surtout devoir être retenus.

– Le premier est « l'ami de l'époux », (*Jean Baptiste* 3, 29), qui jouit de la proximité de l'époux. Il en jouit, même s'il ne perçoit pas clairement la présence sensible, même s'il reste sur le pas de la porte affirmant : « À lui de grandir, à moi de m'effacer » (3, 30). Aspect important de l'amitié avec Jésus, qu'il est utile de comparer avec le personnage de Nicodème. Alors que Nicodème est seulement préoccupé de lui, de sa situation, de sa respectabilité, Jean est heureux parce que l'autre s'affirme. L'autre croît et lui diminue.

– Le deuxième exemple d'amitié concerne les *deux disciples de Jean* accueillis par Jésus dans sa maison : « Venez voir leur dit-il. Ils allèrent voir où il demeurait, et ils restèrent avec lui ce jour-là » (1, 38 et suiv.). Nouvel aspect de l'amitié avec Jésus : rester avec lui, longuement, volontiers, savourer la solitude en sa compagnie.

– La troisième figure est double : *Marthe et Marie*. Chacune révèle une facette particulière du rapport d'amitié. Marie, contrairement à ce qu'en présente Luc, exprime le service amoureux : par deux fois, elle oint les pieds du

Christ. Marthe va à sa rencontre familièrement, lui parle avec franchise et simplicité à travers un dialogue fait d'écoute et de confiance.

– La quatrième figure est celle de *Lazare*, dont il est dit expressément : *on phileîs*, « comme il l'aimait ! » (11, 3 ; 11, 36), *o phîlos*, « l'ami » de Jésus (11, 11) . Alors que, dans les autres cas, on peut voir une explication de l'amour pour Jésus (Jean lui prépare le chemin, les deux disciples aiment rester en sa compagnie, Marie le sert, Marthe lui parle familièrement), il est difficile de comprendre quel aspect de l'amitié est souligné à travers Lazare, lequel ne fait rien. Il ne parle pas, n'agit pas, on ignore qui il est, il n'affiche pas un caractère déterminé. Peut-être cette amitié est-elle si typique parce que Jésus fait tout. Au fond, le trait marquant de l'amitié consiste à se laisser choisir : « Ce n'est pas vous qui m'avez choisi ; c'est moi qui vous ai choisis » (15, 16). Remarquons que ce texte suit immédiatement le verset 15, qui comprend un passage essentiel sur l'amitié. Lazare incarne, selon moi, la personne aimée de Jésus, parce que Jésus veut qu'il en aille ainsi et que Lazare accepte son initiative.

– La cinquième figure, prééminente, est celle du disciple *Jean* écoutant Jésus et accomplissant son chemin. « C'était *celui que Jésus aimait* », est-il rappelé à de nombreuses reprises (13, 23 ; 19, 26 ; 21 ,7 ; 21 20). Cette figure, dans le message du quatrième Évangile, symbolise un point d'arrivée. Elle nous indique comment le parcours d'accueil du mystère de l'Incarnation conduit à cette intimité avec le Seigneur, décrite surtout dans la dernière Cène (*Jean* 13, 23) et dans la scène finale de l'Évangile (chapitre 21).

– Ajoutons enfin une figure à propos de laquelle les mêmes verbes *phileîn et agapân* sont employés : *Pierre*.

Dans le dialogue du chapitre final (21, 15et suiv.) – partie du Nouveau Testament où les verbes ***phileîn*** et ***agapân*** reviennent le plus souvent –, Pierre est l'image de l'amour apostolique. (« C'était celui que Jésus aimait » : ces termes décrivent plutôt l'intimité mystique avec le Seigneur de Jean celui qui a véritablement compris le mystère du Verbe.) C'est l'amour qui, ayant perçu le mystère, se donne au service apostolique, au service ecclésial.

En concluant, Jean nous pousse vers une intimité vraiment nouvelle avec le Seigneur, un rapport qui doit être cultivé, mais qui, en vérité, nous est préparé comme un don de Dieu en personne.

Dieu est Père

Le mystère du Dieu parmi nous, du Verbe qui s'est fait chair, décrit par Jean, peut se révéler dans notre quête intérieure d'absolu, à travers notre désir de transcendance et d'adoration, qui sont en nous le désir de Dieu.

Pour ma part, je tiens à souligner le message de Jésus sur le Père parce que tout ce que Jésus dit dans cet Évangile a un seul et unique objet : Dieu, le Père, son Père. À celui qui reconnaît que Dieu seul est grand, le Fils révèle le mystère. Et quand on lui demande : « Montre-nous le Père » (14, 8), Jésus répond : « Celui qui m'a vu, a vu le Père » (verset 9).

Jésus est présence du Dieu unique et inaccessible à nous. Il est Dieu visible et mis à notre disposition. Évidemment, ces mots sont d'une extrême banalité pour qui n'est pas passé à travers le creuset du parfait désir de Dieu et qui ne peut, dans ce cas, en percevoir la signification profonde. C'est pour ce motif que, seul parmi les évangélistes, Jean parle du Verbe qui s'est fait Chair ; les autres évoquent plus simplement Jésus homme, qui se révèle Fils de Dieu. Jean renvoie à une religion plus mûre et plus réfléchie, ayant acquis le sens de l'absolu.

Quelles sont les implications de la parole de Jésus : « Celui qui m'a vu, a vu le Père » ? C'est que Jean puisse dire : « Nous avons contemplé sa gloire, la gloire qu'un Fils unique reçoit de son Père » (1, 14). Toute attitude de Jésus se veut une révélation du Père.

Nous pouvons alors contempler toute la vie de Jésus en adorant le mystère du Dieu parmi nous, du Dieu manifesté. Jésus accueillant Nicodème, c'est le Dieu invisible qui nous accueille en ami. Jésus répondant fraternellement « Venez voir » aux disciples qui lui demandent : « Où demeures-tu ? », c'est l'Éternel qui s'adresse à eux, celui que nous désirons du plus profond de notre cœur. Jésus transformant les situations humaines (l'embarras de Cana comme l'infirmité du paralytique), c'est Dieu, l'Éternel, le Transcendant, qui se souvient de notre misère et nous fait librement don de sa puissance. Jésus dissipant les ténèbres de l'aveugle de naissance, c'est Dieu qui illumine avec bienveillance notre chemin. Pour tout dire Jésus est « Dieu parmi nous », et sur son visage nous contemplons l'amabilité de Dieu en personne.

Non seulement Jésus s'est fait homme, mais Jésus *pour moi* s'est fait homme. Et il me manifeste le visage du Père, le visage de Dieu – ce Dieu que je veux voir – en me montrant qu'il est Dieu pour nous, qui donne ce qu'il a de plus cher pour nous : il a tant aimé le monde qu'il a offert son Fils, en lui donnant vie parmi nous.

Quel sens donner à la révélation de qui je suis par Jésus, lui qui est Dieu parmi nous et Dieu pour nous ? Que nous sommes aimés de Dieu. Aimés de Dieu, quels que soient l'horizon bouché, l'insignifiance des choses ou l'abandon où nous croyons nous trouver. Message transformateur qui, sans modifier les apparences transforme la réalité de mon être. Je peux me sentir abandonné et perdu dans un monde dépourvu de sens, où semblent dominer le hasard et la nécessité, mais je suis aimé de Dieu : Dieu se donne pour moi et me donne ce qu'il a de plus cher. Un message qui évidemment s'élargit progressivement.

Jésus n'est pas seulement Dieu parmi nous, mais il nous invite à être nous-mêmes à travers lui. Chacun de nous est aimé de Dieu, recherché, accueilli, appelé, désiré dans sa solitude, là où personne ne peut lui venir en aide. C'est justement la situation humaine d'abandon qui est rachetée par ce Dieu parmi nous, avec nous et pour nous, et qui est rendue féconde par notre communion en Jésus.

Je me réfère au texte de Jean 11, 51-52[1] : « Jésus est venu pour ramener à l'unité les enfants de Dieu dispersés. » En d'autres termes, pour forger en nous la conviction d'être aimés de lui, que nous soyons des individus isolés ou un groupe d'hommes désorientés et recueillis dans l'unité.

Dieu sert l'homme

Dans l'épisode du lavement des pieds, Jésus révèle, à travers son geste, comment Dieu, mystère paradoxal, est au *service de l'homme*.

« Pendant le souper – alors que le diable avait déjà inspiré au cœur de Judas Iscariote, fils de Simon, le dessein de trahir – Jésus, conscient que le Père lui avait remis toutes les choses entre les mains, qu'il était venu de Dieu et s'en retournait à Dieu, se leva de table, ôta ses vêtements, et prit un linge dont il se ceignit. Ensuite il versa de l'eau dans un bassin et se mit à laver les pieds de ses disciples, et à les essuyer avec le linge dont il était ceint. Il arrive donc à Simon-Pierre. Ce dernier lui dit : "Toi, Seigneur, tu veux me laver les pieds !" Jésus lui répondit : "Ce que je fais, tu ne le sais pas maintenant, mais tu comprendras bientôt." Pierre lui dit : "Non, jamais tu ne me laveras les pieds !" Jésus lui répondit : "Si je ne te lave, tu n'as pas de part commune avec moi." Simon-Pierre alors de s'écrier : "Seigneur, non seulement les pieds, mais aussi les mains et la tête. » (*Jean* 13, 2-9).

1. « *Pendant le souper* ».

Jean ne précise pas s'il s'agit d'un repas pascal : il lui suffit d'avoir souligné que l'épisode se déroule durant un repas de familiers, simple, spontané, amical. Le contexte évoque l'atmosphère de confiance, d'intimité, de paix ; on s'y trouve réunis parce que l'on s'aime et que l'on désire vivre un moment de sérénité à la même table.

2. « *Alors que le diable avait déjà inspiré au cœur de Judas Iscariote, fils de Simon, le dessein de le trahir.* »

Ici se trouve soulignée l'inimitié à travers le diable et Judas. Ce qui contraste avec la sérénité apparente de cette scène. Le diable, Jean l'évangéliste en a déjà parlé à plusieurs reprises en l'appelant « menteur et homicide depuis le début », celui qui sépare, s'oppose, conduit à penser au mal. Et ce principe malin est déjà entré dans le cœur de Judas, suscitant le désir et la décision de trahir Jésus.

Judas est l'un des Douze, un apôtre appelé, privilégié, aimé du maître qui lui a largement accordé sa confiance. Pourquoi un aspect si douloureux du repas est-il mentionné ? Certes, il ne le sera plus ensuite et le récit se concentrera sur le geste de Jésus lavant les pieds à Simon-Pierre. Mais on veut faire comprendre au lecteur que le lavement des pieds placera le Maître à genoux devant Judas. À genoux, dans une attitude empreinte d'humilité et de tendresse envers celui dont le cœur est habité par Satan. L'événement a une connotation tragique dans la mesure où il oppose la bonté de Jésus à la cruauté, à la dureté, au manque d'ouverture de l'apôtre. Cette scène configure par conséquent les grandes réalités de l'histoire humaine : l'amour, l'ouverture, l'attention ou la fermeture aux autres, la méchanceté, la malfaisance.

3. « *Jésus conscient que le Père lui avait remis toutes les choses entre les mains, qu'il était venu de Dieu et s'en retournait à Dieu.* »

La conscience de Jésus se réfère ici à deux réalités.

Il a d'abord conscience d'être le Messie, le Seigneur de l'histoire, entre les mains de qui reposent les destins de l'humanité. Jésus sait que le Père a tout remis entre ses mains.

Il a ensuite conscience de son origine divine et donc, désignée implicitement, d'être dans la filiation de Dieu : il sait qu'il vient de Dieu, que le terme de sa vie est Dieu, le Père, la gloire.

Jésus accomplit le geste du lavement des pieds en ayant pleinement conscience de son origine, de sa destinée, de sa responsabilité, de sa mission.

Il possède, à cet égard, la conscience authentique de soi comme valeur, force et don. Pour elle et grâce à elle, même les actions les plus petites embrassent un vaste horizon et sont accomplies avec joie, courage et enthousiasme.

À l'inverse, l'inconscience se traduit par la précipitation des actions, l'inquiétude de la vie, le défaitisme et la routine dans l'accomplissement successif des choses. Au quotidien, même les actions les plus importantes sont accomplies sans envie et s'avilissent.

À travers l'exemple de Jésus, un point névralgique de la personne humaine est souligné. Pour Jean, la conscience claire que Jésus possède de lui-même, valorise la Passion. La Passion prend toute sa valeur non seulement parce que Jésus est mis à mort, mais aussi parce qu'il fait face aux événements avec responsabilité et conscience de tous ses gestes. Petits et grands, ces derniers sont portés et soutenus par la conscience, à commencer par le lavement des pieds.

Nous pourrions répartir les femmes et les hommes de ce monde en trois catégories :

– ceux dont la *conscience est presque nulle* : ils ignorent l'appel du Seigneur, la dignité de la vie, et leur existence est gâchée par la banalité, l'absence d'idéaux, d'élans, d'horizons.

– ceux dont *la conscience est fausse*, mesquine, voire dissimulée. Ceux-là perdent le sens des événements, des choses quotidiennes. Exemple d'une conscience fausse, Pilate discute et se dispute avec les Juifs au sujet de l'inscription à porter sur la croix, alors que Jésus et deux autres hommes sont crucifiés (*cf. Jean* 19, 17-22).

La Passion de Jésus abonde d'oppositions entre le mystère qui s'accomplit dans la dignité de sa conscience, et les misères qui, autour de la croix, engendrent la déchéance du fait de consciences humaines fausses ou ratées.

– ceux qui partagent la *conscience authentique* de Jésus, telle que Marie en donne un exemple admirable dans le *Magnificat* : « Parce que le Tout Puissant a fait pour moi de grandes choses. »

Et la joie d'être qui l'on est par la Grâce de Dieu, dans les grandes et petites réalités. Les petites sont vécues avec d'immenses horizons, les grandes avec la simplicité de l'enfant, de l'adolescent.

4. « *Il se leva de table, ôta ses vêtements, et prit un linge dont il se ceignit. Ensuite, il versa de l'eau dans un bassin et se mit à laver les pieds de ses disciples, et à les essuyer avec le linge dont il était ceint.* »

Le quatrième moment est la description très solennelle du geste, par le fait que tous les détails en sont soulignés : le linge de bain, la cuvette, l'eau qui est versée puis essuyée.

Il nous semble voir Jésus accomplissant avec lenteur et

dignité liturgique ce geste qui étonne les disciples, rendus presque muets, jusqu'à l'exclamation d'émerveillement de Pierre.

« *Il arrive donc à Simon-Pierre...* » Pierre symbolise l'homme qui, face au mystère d'un Dieu qui l'aime au point de le servir, se rebelle. Réfléchissons à trois questions et réponses du dialogue entre Jésus et Pierre.

5. « *Toi, Seigneur, tu veux me laver les pieds ! ... Non, jamais tu ne me laveras les pieds !* »

Pierre refuse le geste de Jésus pour un motif qui peut nous apparaître juste : ce devrait être à lui d'accomplir ce service pour le Maître et non l'inverse ! Mais Pierre exprime également sa manière de comprendre Jésus. À ses yeux, il ne devrait pas agir de manière aussi servile et humble, s'abaisser jusqu'à laver les pieds des disciples. Pénétrant plus profondément en sa conscience, nous voyons qu'il n'accepte pas Jésus en serviteur, considérant que c'est à l'homme de servir Dieu *le premier* et non au Seigneur.

Cette résistance du disciple était apparue avec plus d'éclat encore lorsque le Maître avait prédit sa Passion. Jean ne relate pas cet épisode et donc transpose l'opposition de Pierre, mise en relief par les autres Évangiles, dans la description du lavement des pieds : « Dès lors, Jésus entreprit de montrer à ses disciples qu'il devait aller à Jérusalem, et y souffrir beaucoup de la part des anciens, des grands prêtres et des scribes, être mis à mort, et ressusciter le troisième jour. Pierre alors le prit à part et se mit en devoir de protester en ces termes : "À Dieu ne plaise, Seigneur ; cela ne t'arrivera pas !" Mais Jésus se retourna et dit à Pierre : "Marche derrière moi, Satan ! Tu m'es un scandale : tes pensées ne sont pas celles de Dieu, mais celles des hommes » (*Matthieu* 16, 21-23 ; *cf. Marc* 8, 31-9, 1).

Pierre ne veut pas accepter qu'il existe quelqu'un aimant ainsi l'homme. Il exprime la difficulté de chacun de nous à se laisser aimer, sa difficulté à être redevable à quelqu'un, à croire que Dieu aime vraiment à ce point l'homme.

La faible conscience de Pierre, sa conscience encore obscurcie des rapports qu'il doit entretenir avec Jésus, nous interdit à l'identique de vivre vraiment l'esprit de la foi, l'abandon de la foi. Avec la certitude que Dieu nous aime infiniment et qu'il lui appartient d'accomplir le premier pas en notre direction, de prendre l'initiative du don.

Pierre, comme chacun de nous, éprouve de la peine à s'extraire de l'orgueil et de l'autosuffisance presque invincibles pour l'homme. Il ne parvient pas à accepter que le Seigneur lui sauve la vie et donne la sienne pour lui.

6. « *Seigneur, non seulement les pieds, mais aussi les mains et la tête.* »

Maintenant, Pierre a peur de perdre Jésus et il voudrait même être lavé entièrement.

L'homme et la conscience oscillent entre deux extrêmes : d'une part, l'incrédulité que Dieu nous aime et donne sa vie pour nous, d'autre part, une incertitude de fond. Combien de fois avons-nous peur de n'être pas aimés, de n'être pas agréables à Dieu ? Que de fois nous doutons que Dieu accueille notre vie !

La faible conscience du croyant va de l'une à l'autre de ces extrémités sans pouvoir s'arrêter. Seul Jésus peut soigner, corriger, guérir. Il commence avec Pierre et continuera tout au long de la Passion, jusqu'à la mort. La mort, et elle seule, opèrera la complète guérison.

Par quel moyen Jésus guérit-il la faible conscience de Pierre ?

D'abord, il la guérit *graduellement*, ne prétendant pas tout accomplir immédiatement : « Ce que je fais, tu ne le sais pas maintenant, mais tu comprendras bientôt. » Jésus dit donc à Pierre : aie confiance pour le moment, accepte ; moi je sais ce dont tu as besoin et je te conduirai à la compréhension du mystère de mon amour.

Ensuite, Jésus soigne la faible conscience de Pierre *en lui ouvrant l'horizon de l'espoir* : « Si je ne te lave, tu n'as pas de part commune avec moi. » « Avoir une part commune avec moi » : c'est l'héritage de Dieu, du Règne, c'est la parole qui, dans la Bible, indique l'héritage des saints, la plénitude des promesses divines.

En élargissant l'horizon de Pierre aux grandes promesses divines, Jésus veut le conduire à accepter son amour et le ramener à la sérénité de la conscience. Celle-ci ne saurait osciller entre la dépression ou la présomption et l'angoisse. Mais elle doit plutôt se contenter de ce qu'elle est en train d'expérimenter et dont elle comprendra progressivement le sens.

Que signifie le geste du lavement des pieds ? Il s'agit, assurément, d'*un geste révolutionnaire*, renversant les comportements habituels, les rapports normaux entre Maître et disciples, entre maître et serviteurs. Jésus dira que c'est le Maître qui est ordinairement honoré et servi, mais il accomplit un geste d'esclave.

C'est également *un geste bouleversant sur le plan religieux*. En le contemplant avec la foi de l'Église, nous y comprenons que *Dieu sert l'homme*. L'affirmation semble blasphématoire et ne convient pas à l'idée que nous nous faisons de Dieu.

Et pourtant, celui qui est venu de Dieu et retourne à Dieu, se met en position de très humble serviteur de l'homme et même d'un ennemi, Judas. Dieu sert l'homme qui lui est hostile, s'oppose à lui. Il adopte à son égard une attitude pacifique, humble, disponible.

Si l'épisode ne nous était transmis par un livre évangélique, nul n'aurait jamais imaginé chose semblable. Nous entrons là dans le mystère du Dieu révélé, du Dieu qui se manifeste en nous servant.

Le lavement des pieds signifie que servir est une action divine. Les conséquences en sont incalculables sur le plan de l'anthropologie ou de l'ecclésiologie. Servir est acte divin, pas commander, pas exercer le pouvoir.

Quel type d'homme, et d'Eglise, naît d'un semblable geste ? Nous nous trouvons introduits dans le mystère de la proximité. Dieu se rend proche en servant les réalités les plus humbles, il se rend proche comme le bon Samaritain. Telle est la clef du mystère de la croix, de la Passion, de la vie de Jésus. Telle est la clef du mystère de l'Église.

La miséricorde de Dieu dans l'Évangile selon Luc

Luc insiste sur l'incompréhension dont fait l'objet l'Évangile de la grâce, de la miséricorde de Dieu.

Les pharisiens et les scribes murmuraient lorsque les publicains et les pécheurs s'approchaient de Jésus pour l'entendre : « Cet homme accueille les pécheurs, disaient-ils, et il mange à leur table » (*Luc* 15, 2). Ceux qui murmuraient sont ceux qui vivent les pratiques religieuses et, pour ce motif, se croient des droits acquis pour le Règne de Dieu. L'opposition à la parole de grâce de Jésus n'est exprimée qu'au moyen d'allusions, de vagues références, de petites phrases recelant des demi-vérités et se trouvant mises en circulation ou sous-entendues. Proférer une demi-vérité, au moyen de sous-entendus, tourne depuis toujours le dos à l'Évangile de la grâce.

Jésus ne se défend pas. Il accentue seulement son message de la miséricorde, la parole de Dieu étant lumière et n'ayant nul besoin d'être autrement illuminée.

Les paraboles des égarés et des retrouvés

Au chapitre 15 de *Luc*, nous trouvons les paraboles les plus connues : celle de la brebis égarée et retrouvée (versets 4-7) : celle de la pièce perdue (versets 8-10) ; celle du fils perdu et retrouvé qu'on nomme encore l'enfant prodigue (versets 11-32).

Toutes trois portent sur *quelque chose de perdu* (une personne, une chose, un animal), que *Dieu cherche* avec une grande attention.

Dieu veut le salut de chacun de nous, même d'*un seul*. Ils peuvent difficilement comprendre et accueillir l'Évangile de la grâce, ceux qui rêvent d'un christianisme au programme préétabli de type cosmique, qui ne s'attarde pas dans la recherche d'une brebis, d'une pièce de monnaie ou d'un fils ayant quitté la maison paternelle.

Les paraboles montrent encore une sorte d'*acharnement* de la part du berger, de la femme, du père. Le Dieu de la miséricorde prend en effet à cœur le sort de l'homme simple. Comme s'il était le seul, comme pour lui dire : tu es important pour moi, tu me manques, je mets en jeu ma vie pour toi.

Jésus souligne enfin *la joie de la découverte*, qu'il oppose aux larmes de la recherche et dont il fait un thème dominant. Quand le pasteur retrouve la brebis, « il la met, tout joyeux, sur ses épaules ; puis, de retour à la maison, il appelle ses amis et ses voisins », afin qu'ils se réjouissent avec lui. La femme, une fois la pièce retrouvée, « appelle ses amies et ses voisines ». Le père dit aux serviteurs : « Allez vite chercher la plus belle robe et l'en revêtez ; mettez-lui au doigt un anneau, des souliers aux pieds. Amenez le veau gras et tuez-le. Mangeons et faisons liesse. [...] Et ils se mirent à festoyer. » Joie, fête, banquet, musique et danses se rattachent à la découverte de ce qui est perdu.

À qui est donc proposé cet enseignement de Jésus par paraboles ?

Jésus a sous les yeux un auditoire de *personnes envieuses qui murmurent*. Ceux-là sont justement dépeints chez Luc 15, 1-2 : « Les publicains et les pécheurs s'approchaient de Jésus pour l'entendre. Les pharisiens et les scribes murmuraient alors : « Cet homme accueille les pécheurs, disaient-ils, et il mange à leur table. »

– *Les envieux qui murmuraient sont des gens bien de chez lui*, non des étrangers. Les pharisiens sont pleinement à leur place (chez eux) dans la religion juive. Nous retrouvons cette jalousie, exprimée de façon parabolique et dramatique, dans la deuxième partie du récit de l'enfant prodigue, au moment où le fils aîné se rebelle : « Le domestique répondit : Ton frère est de retour, et ton père a tué le veau gras parce qu'il l'a retrouvé sain et sauf. Mais le fils aîné se mit en colère et refusa d'entrer » (*Luc* 15, 27-28).

– *Des personnes bien de chez lui, qui croient connaître le père*. Le frère aîné croyait connaître son père et s'étonne de son acte : « Voilà tant d'années que je te sers sans avoir jamais désobéi. Jamais tu ne m'as donné un chevreau pour festoyer avec mes amis » (verset 29). Des personnes qui croient connaître Dieu et disent : « Pourquoi se comporte-t-il ainsi ? C'est injuste, il ne devait surtout pas le faire, il n'a jamais agi ainsi avec moi, qui le connais et le sers depuis tant d'années ! »

– *Des personnes comme il faut* : des personnes qui pensent être justes et rabaissent les autres.

Voilà le tableau, brossé par l'Évangile, des personnes auxquelles Jésus s'adresse. Nous pourrions caractériser l'auditoire de personnes au ***regard mauvais*** . L'image provient de la parabole des ouvriers envoyés à différentes heures dans la vigne (***Matthieu***, 20). Répondant à l'« ami » qui se plaint d'avoir travaillé tout le jour pour la même paye que les autres, le propriétaire conclut ainsi son propos : « Vois-tu d'un mauvais œil que je suis bon ? » (verset 15). Dans le texte grec cet « envieux » est ***ofthalmós sou ponerós***, ton œil est mauvais. Grâce à la métaphore du mauvais œil, nous cernons le public auquel s'adresse Jésus.

L'Évangile de la grâce

Mettons-nous à présent du côté de ceux qui murmurent. Nous pouvons nous demander si l'Évangile de la miséricorde ne devient pas, à la fin, un Évangile de superficialité, de permissivité, de désengagement éthique.

Il nous est peut-être arrivé de répéter les paroles des pharisiens ou d'en écouter d'autres qui expriment la crainte envers un message mettant en danger l'observation des lois, la rigueur des traditions, la sécurité doctrinale et morale d'un groupe.

Le doute est sérieux et nous ne devons pas le laisser pénétrer notre cœur, au risque de ne plus comprendre l'Évangile de la grâce.

Quelques réflexions me semblent, à ce propos, nécessaires :

– Dieu ne se métamorphose pas. Il est le Dieu de la miséricorde par-delà les conséquences que nous en redoutons.

– Face à son Évangile de grâce, les craintes expriment probablement la peur de se soumettre à ce régime. Il me revient à l'esprit ***Dietrich Bonhoeffer*** qui, du fait de sa tradition protestante, pouvait être accusé de céder à l'Évangile de la grâce et ressentit la nécessité de l'appeler : « Grâce acquise au prix fort. » Une répugnance cachée à accueillir Dieu tel qu'il est, à nous laisser envahir par sa miséricorde peut exister en nous. Nous préférons alors nous défendre avec la loi, avec la justice, avec la rigueur éthique de son Évangile. Nous pouvons n'avoir qu'une compréhension partielle de l'Évangile de la grâce et, pour ce motif, nous l'éloignons instinctivement.

– Chez qui le reçoit, l'Évangile de la grâce imprime l'empreinte de la gratuité. Rien de plus exigeant que la gratuité, puisqu'elle n'a pas de limites comparée à l'Évangile de la loi – je n'y suis pas obligé, je ne suis pas le gardien de mon frère ! –. L'exigence de l'Évangile de la grâce parvient à dépasser toutes les légalités et tous les rôles, il nous touche intimement et nous invite au don de nous-même jusqu'à la mort.

– Lorsqu'il n'est pas accueilli, l'Évangile de la grâce laisse au contraire la morsure du mécontentement et du désespoir. Il ne force personne à se donner, à sortir de son égoïsme. L'homme reste libre de s'enfermer dans son propre désespoir, dans son refus. Par là-même, de se perdre dans sa solitude, personnelle ou de groupe, dans la défense à outrance, jusqu'à ce qu'il s'aperçoive qu'il n'y avait rien à défendre.

La dignité de la personne humaine

Remarquons enfin que Luc présente l'épisode du *larron repenti et sauvé* par Jésus sur la croix comme le point culminant de la miséricorde de Dieu, de l'action évangélisatrice et rédemptrice de Jésus à travers sa Passion. À nos yeux, un tel déploiement d'énergie évangélisatrice pour obtenir un si petit résultat, le salut d'un homme, est étrange.

Pourtant, comme nous l'avons vu dans les trois paraboles précédentes, il s'agit de la ***marque de fabrique*** de Dieu dans l'Évangile. Entrer dans le monde de ce Dieu aimant suppose d'avoir à cœur le salut de tous. Afin que personne ne soit négligé, offensé ni oublié, que ce que chacun représente aux yeux de Dieu trouve sa pleine valeur.

La conscience de la valeur d'une personne se fonde sur l'attitude de Jésus. Pour lui, un seul est comme quatre-vingt-dix-neuf, comme tous. À pareille dignité de la personne, la société civile n'est pas habituée. Peut-être la proclame-t-on avec des mots mais, même dans les civilisations les plus avancées, on prête moins attention à l'individu qu'à l'ensemble, à la totalité, au groupe.

À travers l'action et les paraboles du Christ, se révèlent à la fois un Dieu vivant et l'image de Dieu imprimée en l'homme ainsi que la dignité de tout homme qu'on ne peut atteindre sans une révélation. Pour cette raison, l'éthique chrétienne atteint de très hautes exigences. Si les gens ne les comprennent pas, c'est qu'ils ne parviennent pas à se faire une idée précise de la dignité absolue de l'homme dans chaque phase de sa vie, depuis la conception jusqu'à l'extrême faiblesse de la vieillesse.

L'évangéliste Jean ne rapporte pas l'épisode du larron repenti et sauvé. Il contemple en fait, dans le « flanc transpercé » de Jésus, la plus parfaite parabole du Père, la plus haute expression de l'amour de Dieu, mystérieux et caché, pour le pécheur solitaire, souffrant et damné.

La primauté de Dieu dans l'Église

À partir de la primauté de l'amour et de la miséricorde de Dieu pour l'homme, pour tous les hommes et pour chacun d'entre eux, naît dans l'Église l'urgence de recommencer, toujours et à nouveau, à partir de Dieu.

Pour recommencer à partir de Dieu il faut avoir le courage de se poser les questions fondamentales, de retrouver la passion pour les choses que l'on voit en les lisant, dans la perspective du Mystère et des choses que l'on ne voit pas.

Cela signifie que le croyant ne considèrera jamais rien pour acquis dans la foi dans son cheminement personnel. Il n'aura pas la présomption de savoir déjà ce qui est perpétuellement entouré de mystère. Cela implique une sainte inquiétude et une vraie recherche. Recommencer à partir de Dieu nécessite d'admettre que nous ne le voyons pas, mais aussi de croire et de le chercher tout comme la nuit en appelle à l'aurore. Cela veut dire vivre pour soi et propager chez d'autres l'inquiétude sainte d'une recherche sans répit du visage caché du Père.

Comme saint Paul fit avec les Galates et les Romains, nous devons, nous aussi, dénoncer devant nos contemporains la myopie consistant à se contenter de tout ce qui est moins que Dieu, de tout ce qui peut devenir idole. Dieu est plus grand que notre cœur, Dieu est au-delà de la nuit. Il est le silence qui nous trouble face à la mort et à la fin de toute grandeur humaine. Il est le besoin de justice et d'amour que nous portons en nous. Il est le Mystère saint du Totalement Autre, désir d'une justice parfaite et accomplie, de réconciliation et de paix.

Parfois, nous estimons avoir déjà atteint la compréhension de ce que Dieu est et accomplit. Grâce à la Révélation, nous savons de Lui certaines choses qu'il nous a livrées, mais ces choses sont comme enveloppées dans le brouillard de notre ignorance profonde de Lui. Je suis fréquemment effrayé en entendant ou en lisant tant de phrases qui ont « Dieu » pour sujet mais donnent l'impression de savoir parfaitement qui est Dieu et comment il opère dans l'histoire, comment et pourquoi il agit de telle ou telle manière. L'Écriture, comme nous l'avons vu, est plus réticente, discrète et pleine de mystère. Elle préfère le voile du symbole ou de la parabole, marquant que l'on ne peut parler de Dieu qu'avec frisson et par allusions, comme de « Quelqu'un » qui nous dépasse en tout. Jésus n'ôte pas ce voile, lui qui est le Fils. Il nous parle du Père par énigmes, en attendant le jour où, sans voile, il nous parlera de Lui. Ce jour n'est pas encore arrivé et seules des anticipations nous font cheminer dans la nuit radieuse de la foi, laissant tant de choses dans l'obscurité.

Quant à notre *action communautaire et sociale*, recommencer à partir de Dieu conduit à mettre nos projets humains sous la Souveraineté de Dieu et à nous mesurer avec son Évangile. Cela suppose de confronter ce que l'on est et ce que l'on fait avec les exigences de sa primauté. Dieu seul est la mesure du vrai, du juste, du bien. Revenir à la vérité de nous-mêmes, veut dire renoncer à être la mesure de tout, pour reconnaître que Lui est la mesure suprême, l'ancre qui stabilise, la raison dernière de vivre, aimer, mourir. Il faut, pour cela, prendre de la Hauteur, voir le Tout avant la partie, partir de la Source pour comprendre le flux des eaux.

Recommencer à partir de Dieu c'est se mesurer avec Jésus-Christ, révélateur du Père, et s'inspirer continuellement de sa parole, de ses exemples, à travers l'Évangile. Abandonner notre cœur inquiet au souffle de l'Esprit, c'est persévérer dans la nuit de l'adoration et de l'attente. Telle est la seule voie pour sortir de la violence de l'idéologie sans tomber dans le naufrage du nihilisme, l'absence d'éthique et le désespoir.

Le Dieu qui est avec nous peut nous aider à trouver les vraies raisons de vivre ensemble. Si l'on considère les eaux croupissantes où semble stagner la vie civile, sociale et politique, recommencer à partir de Dieu signifie trouver du sens, de l'élan, de la motivation pour risquer et aimer. Recommencer à partir de Dieu c'est se reconnaître dans le cœur de Dieu pour une expérience de foi et d'amour vécue. C'est reconnaître que nous sommes nés pour apprendre, aimer et oser toujours davantage. C'est aller au-delà des limites de nos commodités et de nos péchés.

Recommencer à partir de Dieu suppose de se faire pèlerins vers Lui en s'ouvrant au don de sa Parole, en se laissant réconcilier et transformer par sa grâce. Seul celui qui se reconnaît aimé du Dieu vivant, plus grand que notre cœur, sait vaincre la peur et vit le grand voyage, l'exode de soi sans retour pour cheminer vers les autres. Vers l'Autre qui est Dieu même.

Face au Dieu de l'amour et de la miséricorde, l'Église est le corps du Christ présent dans l'histoire. Elle est appelée à rendre visible une communauté qui vit sous la primauté de Dieu. Une communauté qui, même avec ses péchés, ses erreurs et ses retards, est destinée à indiquer à une société éclatée et divisée – en proie aux relations fragiles, conflictuelles, compétitives, commerciales et consuméristes – la possibilité de vivre des relations fondées sur l'Évangile : gratuites, désintéressées, harmonieuses, capables de pardon, d'accueil, d'acceptation mutuelle.

Placée sous la primauté de Dieu, Père universel, l'Église se sent le devoir, ou plutôt le désir, d'être accueillante, patiente, indulgente, clairvoyante. Les prescriptions disciplinaires et canoniques, qui établissent ce qui est et n'est pas compatible avec la pleine appartenance à la communauté chrétienne, restent certainement valables. Nous sentons pourtant que cette Église ressemble à un grand filet qui recueille toutes sortes de poissons (*cf. Matthieu* 13, 47-50) ou encore à un grand arbre sur lequel de nombreuses espèces d'oiseaux aménagent leur nid (*cf. Matthieu* 13, 31-32). Elle ne peut s'arroger le jugement définitif sur les personnes et sur l'histoire, lequel appartient seulement à Dieu. L'Église est une grande ville, dont les portes ne doivent pas être fermées à qui demande sincèrement asile.

2. Écoute et prière

La prière de l'être

Ayons de la prière une vision ample, totale et intarissable. Elle est une réalité dont aucun homme n'a trouvé les limites, ni franchi les seuils ultimes. Nous sommes toujours en chemin ; plus on avance, plus on découvre des horizons.

La prière est essentiellement un mystère et vient de Dieu créateur du ciel et de la terre. Comme nous le dit la très belle exclamation de saint Augustin : « Vous nous avez fait pour Vous, ô Dieu, et notre cœur est inquiet tant qu'il ne repose pas en Vous. »

L'histoire de la prière commence avec l'apparition de l'homme sur la terre. Des hommes et des femmes de différentes religions se sont adressés, et continuent de le faire, par la prière à l'Être suprême, auquel ils donnent des noms différents. La prière est une réponse immédiate qui jaillit du cœur de l'homme lorsqu'il affronte la vérité de l'être.

Cela peut se passer de nombreuses manières. Pour certains, il peut s'agir d'un paysage de montagne, d'un moment de solitude dans un bois, d'une musique qui nous fait oublier la réalité environnante, qui nous libère de l'esclavage des gênes quotidiennes, des choses par lesquelles nous sommes perpétuellement sollicités. Alors, nous respirons plus profondément qu'à l'ordinaire, nous ressentons quelque chose d'indéfinissable qui nous ébranle jusqu'au tréfonds, nous nous sentons pleinement nous-mêmes. Presque instinctivement, nous élevons une prière : Merci, mon Dieu.

Chacun de nous a dû expérimenter, dans sa vie, l'un l'autre de ces moments. Peut-être dans une succession de circonstances heureuses, il a puisé dans les profondeurs de son être le besoin d'exprimer sa gratitude envers Dieu : c'est la prière *naturelle*, la prière de l'être.

Toutes les éducations à la prière partent d'un principe très simple : l'homme qui vit intensément l'authenticité de son être, ressent spontanément la nécessité de s'adresser à son Créateur à travers des paroles, muettes ou prononcées. Il nous appartient de rechercher les conditions qui nous mettent en état d'authenticité, d'écouter en nous la voix mystérieuse de Dieu pour l'écouter et de lui répondre, de raviver le sens de la gratitude pour le don de la vie, de la création, de ce qui est beau et bon dans le monde.

Il serait injuste de négliger l'éducation à la prière de l'être, qui nous aide à comprendre en quoi il s'agit d'une réalité mystérieuse, en même temps que très aisée, qui naît « dans la bouche des enfants et des nourrissons » (*Psaumes* 8, 3), qui sourd lorsque la personne – l'enfant, l'adolescent, le jeune, l'adulte, l'ancien – se met face à elle-même dans des conditions de détente, de calme, de sérénité, de paix.

Silence et écoute

Le *silence* et l'*écoute* sont deux conditions nous permettant d'entrer en prière.

Le *silence* aide à faire taire notre fantaisie, notre être, et à éliminer tout ce qui peut déranger. Il faut entrer en prière tels des pauvres, et non tels des nantis, reconnaissant n'être pas capables de prier. Le silence écoute, accueille, se laisse animer.

L'homme qui, se soumettant aux lois de la culture dominante, a chassé de ses pensées le Dieu vivant qui, de lui même, remplit tout espace, ne peut supporter le silence. Lui qui pense vivre aux marges du néant, voit dans le silence le signe terrifiant du vide. Tout bruit, si lancinant et obsédant soit-il, lui est agréable ; toute parole, même la plus insipide, le libère de son cauchemar.

Rappelons-nous pourtant que cet homme, incapable de silence et de confiance dans le Mystère, existe en chacun de nous, dans des proportions variables. Il cohabite avec l'homme dont le cœur tend et aspire ardemment à l'Invisible. Chacun de nous est extérieurement agressé par des flots de paroles, de sons, de clameurs, qui assourdissent nos journées, voire nos nuits. Il est poursuivi par le flot de discours mondain et médiatique qui au moyen de mille futilités nous distrait et nous disperse.

Qui souhaite rencontrer Dieu doit lutter pour assurer au ciel de son âme ce prodige dont parle le livre de l'*Apocalypse* (8, 1) : « Un silence d'une demi-heure environ. »

Il acquiert alors la capacité de l'*écoute*.

L'écoute est un mot-clé caractéristique de toute la tradition du peuple hébreu : « Écoute, Israël ! »

Je tiens compte toutefois d'un passage de l'Évangile de Luc où est décrite la capacité d'écoute de Marie de Béthanie.

Jésus se rend alors à Jérusalem et, alors qu' « ils étaient en voyage, [...] Jésus entra dans un village. Là, une femme, nommée Marthe, le reçut chez elle. Elle avait une sœur, du nom de Marie, qui s'assit aux pieds du Seigneur pour l'*écouter parler*. Survint Marthe, fort affairée par les soins du ménage : "Seigneur, dit-elle, cela ne te fait-il rien que ma sœur me laisse faire seule tout le service ? Dis-lui donc de m'aider." Le Seigneur lui répondit : "Marthe, Marthe, tu t'inquiètes et tu t'agites pour bien des choses, alors qu'une seule est nécessaire. Marie a choisi la bonne part, qui ne lui sera point ôtée » (*Luc* 10, 38-42).

Le récit souligne la centralité de l'écoute : ici l'écoute de la Parole, en général l'écoute de Dieu, l'écoute de son Esprit. Nous remarquons que le passage suit immédiatement celui du bon Samaritain, la parabole racontée par Jésus. À sa question : « Oui, mais qui est mon prochain ? », Jésus l'invite à agir, à se bouger, à œuvrer : « Eh bien ! lui dit Jésus, toi aussi fais de même » (*cf. Luc* 10, 29-37).

Pour que le « faire » n'apparaisse pas comme un faire quelconque mais bien un « faire » né des profondeurs, l'évangéliste rapporte ensuite l'épisode de l'écoute de Marie.

Il s'agit d'un seul et même enseignement. Les passages du bon Samaritain et de Marie de Béthanie qui écoute Jésus, sont volontairement liés pour nous permettre de saisir l'unité de l'action et de l'écoute. Dans le chapitre 11, au verset 28, Jésus dit effectivement : « Heureux plutôt ceux qui écoutent la parole de Dieu et la mettent en pratique ! » La plénitude de l'homme consiste donc bien à écouter et à mettre en pratique, dans un même mouvement.

Marie *s'assied aux pieds de Jésus*, se met publiquement à son école, et il est facile de comprendre le scandale provoqué par son geste.

Essayons d'imaginer le murmure des personnes qui se trouvent à proximité : « Comment cette femme, au lieu de se rendre à la cuisine, va-t-elle à l'école de théologie ? Que prétend-elle ? Pour qui se prend-elle ? Que veut-elle devenir ? Quelles sont ses ambitions ? » La tension émanant du milieu environnant rejaillit ensuite dans les paroles de Marthe.

Personne n'avait jusqu'alors parlé à Marie de la beauté de sa vie, du bonheur de sa condition. En écoutant les paroles de Jésus elle se sentait privilégiée, elle ressentait combien ces paroles avaient de l'importance *pour elle*. Méditant sur elle-même, elle pensait : « Ces paroles disent des choses vraiment grandes pour moi, des choses auxquelles je n'avais jamais songé ; elles me font comprendre quelque chose de moi-même qui est magnifique, splendide, simple. »

La richesse, la valeur nourricière de l'écoute de Jésus, telle que la vit Marie de Béthanie, sont émouvantes. Cette écoute bouleverse parce que cela me regarde, rend compte de moi-même. Il ne s'agit pas d'un acte passif, de l'enregistrement ennuyeux d'une leçon. Marie de Béthanie saisit à cet instant la définition de l'humain. Être des hommes ou des femmes, c'est découvrir le mystère, notre propre mystère, dans l'écoute de la Parole de quelqu'un qui est plus grand que nous. Quelqu'un qui, ayant façonné notre cœur, nous en révèle les secrets.

Marie est le symbole de l'être humain qui se comprend lui-même, qui parvient à l'authenticité en se mettant à l'écoute de la Parole divine qui nous révèle et nous comble en même temps.

Le mystère de l'écoute de la femme de Béthanie est donc une révélation – que nous sommes appelés à accueillir – de la condition humaine. En nous montrant ouverts au discours de Dieu, gratuit et bienveillant, nous apprenons que nous sommes écoute et don, que nous nous réalisons dans la gratuité.

À l'inverse, Marthe a perdu le sens de l'écoute et, par conséquent, de sa peine. Elle est préoccupée, anxieuse, tendue, hésitante, impatiente, déplaisante, cinglante. À l'image de quelqu'un qui vit des moments de crainte, de peur, au point de ne plus savoir offrir un sourire et de ne plus percevoir exactement son identité.

L'écoute de Dieu est le rocher de notre certitude : « Tu es mon Père, tu es mon Dieu, et mon rocher protecteur » (*Psaumes* 89, 27). La bonne nouvelle vient du fait que Dieu a une parole pour moi. Moi, je peux l'écouter, dans le silence et dans la paix. Je suis nourri de cette écoute, je m'élève dans la foi et je me réalise comme personne. Je m'élève avec tant d'autres, comme Église en marche. C'est à l'Église en écoute que Jésus dit : « Tu as choisi la bonne part qui ne te sera point ôtée. » À travers l'affirmation que Pierre garantit : « Les portes de l'enfer ne prévaudront point contre elle (l'Église) » (*Matthieu* 16, 18). Elles ne prévaudront pas dès l'instant que cette Église est fondée sur le rocher de la Parole et de l'écoute.

Deux moments privilégiés de rencontre avec Dieu

Un moment privilégié de rencontre avec Dieu nous est signalé par Jésus lui-même : « Quand tu veux prier, entre dans ta chambre, ferme ta porte, et prie ton Père dans le secret, et ton Père qui voit dans le secret te le rendra » (*Matthieu* 6, 6).

Nous vérifions souvent ce secret qui n'est autre que le *recueillement*. Pour rencontrer Dieu, nous devons rassembler toutes nos forces intérieures et nous concentrer, nous soustraire, pour ainsi dire, à l'extérieur. Concentration signifie avoir un unique centre : si nous réussissons à nous présenter ainsi face au Seigneur, une capacité incroyable se dégage de nous. Nous éprouvons même la sensation d'être différents, avec une lucidité et une clarté jamais atteintes. Nous comprenons alors mieux la question : « Qui suis-je ? »

La spiritualité orientale – même en dehors de la tradition chrétienne – a abondamment traité la question du recueillement. L'image que les Orientaux utilisent habituellement pour l'exprimer est celle du tigre, ou de la panthère qui, pour rassembler toutes ses forces, se replie sur elle-même avant de se jeter sur sa proie.

Je suis souvent distrait par des visites, des audiences, des rencontres, des coups de fil, des nouvelles. Mais dès l'instant où je parviens finalement à me recueillir, je vois plus clairement ce que Dieu attend de moi, ce que je dois faire, ce qui est vraiment important. À ce moment, je reprends force.

C'est un secret que le recueillement ! J'ai pu, par exemple, constater que le Saint-Père, Jean Paul II, en a connaissance et le vit quotidiennement. Durant les voyages éreintants qu'il accomplit et à l'occasion desquels il doit parler constamment, le Pape réussit toujours à trouver ne serait-ce que quelques minutes pour se recueillir en silence. On dirait alors qu'il se détache de tout et de tous parce qu'il reste immobile, concentré. Il m'est arrivé de le remarquer alors que nous étions ensemble en hélicoptère. Même le matin, avant de commencer une journée intense et harassante, il se retire dans sa chapelle en silence absolu et reste là, immobile. Je crois que c'est justement cette profonde intériorité qui lui donne sa pleine force quand il parle.

Un deuxième moment privilégié de la rencontre avec le Seigneur est celui de la *douleur* et de l'*épreuve*. Dans l'Ancien et le Nouveau Testament, parmi les nombreux personnages témoins de cette expérience, nous pensons à l'un des premiers selon l'ordre chronologique, Jacob. Contraint de s'enfuir de chez lui, il se retrouve seul, il ignore qui l'aidera et même quel sera son avenir. L'angoisse et la solitude l'oppressent, la douleur le ronge.

Tout à coup, il pressent que Dieu est avec lui et il entend la Parole : « Je suis le Seigneur, le Dieu d'Abraham, ton père, et le Dieu d'Isaac. La terre sur laquelle tu es couché, je te la donnerai ainsi qu'à ta postérité. Je suis avec toi pour te garder partout où tu iras. » (*cf. Genèse* 28, 10-22) Jacob a compris le secret de l'épreuve, de la douleur, et a su vivre son moment difficile devant Dieu.

En général, lorsque nous nous trouvons dans la difficulté, nous nous lamentons, nous crions, nous protestons. Notre horizon s'éclairerait toutefois et nous sentirions que Dieu est avec nous même dans l'épreuve, si nous parvenions à nous recueillir et à dire : « Seigneur, pourquoi permets-tu cela ? Que veux-tu faire de moi ? Comment entends-tu disposer de ma vie ? Quelle est ta Parole sur moi ? »

« Qui es-tu, Seigneur ? » « Je suis celui qui ne t'abandonnera pas. Je te protègerai où que tu ailles. »

Cette Parole qui retentit à nos oreilles, à mes oreilles, permet de dépasser toutes les peurs. Il n'y a plus alors de chemin difficile, de solitude ou de souffrance physique et morale que nous ne puissions surmonter. Nous apprenons à prier, nous trouvons le Seigneur, nous comprenons notre cheminement.

J'ajouterai que la prière, quand elle jaillit des profondeurs du cœur, ne représente pas uniquement une arme puissante permettant que s'accomplisse en nous et chez les autres le dessein d'amour de Dieu, sa volonté salvatrice. Elle instaure par exemple une communion authentique, aux Rencontres « Hommes et Religions » qui, depuis des années, permettent aux représentants de toutes les religions du monde de prier ensemble pour la paix.

Un midrash, un commentaire juif, raconte : « Un jour, dans une petite ville, aux temps où la violence la plus aveugle faisait rage, les nazis massacrèrent dans un même lieu, à la même heure, cent juifs, cent catholiques et cent musulmans. Chaque année, à cette date on se rassemble sur le lieu du massacre pour commémorer l'événement. Le bourgmestre du village prononce un discours et trois responsables religieux, des trois diverses religions, adressent leurs prières aux âmes des victimes. Le prêtre catholique prie selon son rite, les officiants juif et musulman selon les leurs.

« Le sage et saint Rabbi Meïr, qui sait tout ce qui se passe au ciel, raconte qu'un jour les trois cents âmes des victimes demandèrent à se présenter devant le Trône céleste. Leur requête fut exaucée et ils s'adressèrent au Saint des Saints en ces termes : "Roi des Rois, tu sais que nous avons ensemble été victimes du même assassin, ensemble nous avons été victimes d'une même violence et maintenant, ici en haut, l'âme de chacun d'entre nous est étroitement liée à l'âme de l'autre. Si les hommes veulent se rappeler ce qui se passa à l'occasion de cette douloureuse journée, nous voulons qu'une seule et même prière pour nous soit prononcée ! Les divisions et les différenciations encore existantes sur la Terre, nous offensent et nous attristent. »[2] Le sage et saint Rabbi Meïr avait bien parlé parce que la vraie prière ne sépare pas, mais unit les cœurs et réalise une entente réelle.

Spécificité de la prière chrétienne

On nomme « chrétienne » la prière qui *part de Jésus Christ.*

Même si, parfois, elle peut parvenir à des formes presque non thématiques – le Christ ressuscité est présent sans que je le contemple avec les yeux de l'imagination – la méditation chrétienne est toujours mue par l'Esprit. Elle se rattache toujours à Jésus, ou mieux, elle participe à la prière de Jésus au Père. Disons même que la semence de la prière – nous y reviendrons – nous est donnée dans le sacrement du baptême qui nous rend chrétiens.

La prière du disciple du Christ n'est pas simplement la réponse à la réalité de l'être qui m'entoure ou à la sensation d'authenticité que parfois j'expérimente en moi. Elle est l'Esprit du Christ qui prie en moi. Le chrétien est invité à chercher en lui la voix de l'Esprit qui prie, pour lui laisser place. Comme l'écrit saint Paul : « De son côté, l'Esprit vient en aide à notre faiblesse ; nous ne savons pas ce que nous devons demander, ni prier comme il faut ; mais l'Esprit lui-même intercède pour nous, par des soupirs ineffables. » C'est l'Esprit qui nous permet de crier « Abba, Père ! » (*Romains* 8, 26. 15).

Et le but, la fin, le summum de la prière chrétienne nous est indiqué par Jésus qui, au moment de l'agonie de Gethsémani, dit : « Père, que ta volonté soit faite et non la mienne. » Ou bien, dans la prière de Jésus sur la croix : « Père, entre tes mains je remets ma vie et mon esprit ! »

On prie non dans l'espoir que Dieu se plie à nos volontés, mais pour pouvoir toujours accomplir sa volonté, pour nous placer entre ses mains avec confiance et amour. Alors seulement la prière est vraiment l'expression d'une foi authentique et mûre.

La prière chrétienne est donc dévouement et action. Elle est partage de sa crucifixion avec le Christ. Elle est don aux plus pauvres.

J'ai cité saint Paul affirmant que nous ne savons pas quoi demander. Pour cette raison, nous devons nous ouvrir à l'Esprit. Une prière, que Jésus nous a enseignée, le « Notre Père », nous révèle toutefois comment doit être chacune de nos prières : de louange, de remerciement, de supplication, d'intercession.

Le « Notre Père »

Dans l'Évangile de Luc, les apôtres demandent à Jésus : « Seigneur, apprends-nous à prier, comme Jean l'a fait à ses disciples » (*Luc* 11, 1).

Nous observons que la question des apôtres ne surgit pas au début de leur rencontre avec Jésus, mais bien plus tard, lorsqu'ils s'aperçoivent que Jésus se retire pour prier.

Notre question sur la prière naît, de manière analogue, quand nous voyons d'autres personnes prier intensément et qu'il en émane autour de nous *une qualité de prière* si fascinante que nous voudrions qu'elle fût nôtre.

Jésus répondit aux disciples : « Voici comment vous prierez : Notre Père qui es aux cieux, que ton nom soit sanctifié ; que ton règne vienne ; que ta volonté soit faite sur la terre comme au ciel. Donne-nous aujourd'hui notre pain de ce jour ; pardonne-nous nos offenses comme nous pardonnons aussi à ceux qui nous ont offensés. Et ne nous soumets pas à la tentation, mais délivre-nous du Mal » (*Matthieu* 6, 9-13).

Prière fort simple, et pourtant si riche, que nous avons appris à réciter depuis notre enfance. Il y apparaît le mot « Père », Dieu Père, comme nouvel horizon de la vie. De la découverte du caractère paternel de Dieu découle la compréhension que le « Notre Père » résume le projet de Dieu sur nous.

Le texte est clairement divisé en deux parties. Les mots sont élémentaires – nom, Règne, soit sanctifié, volonté, pain, péchés, tentation – En même temps, ils ne sont pas complètement explicables et doivent, par conséquent, être vécus en tant que mystère.

Que signifie, par exemple, pain ***quotidien*** ? Le terme grec, que nous traduisons par « quotidien », fait discuter les exégètes depuis des siècles : certains traduisent l'adjectif par « aujourd'hui », d'autres par « demain ». Peut-être, le sens le plus évident est-il, justement, « quotidien ». Mais nous n'en avons pas la certitude philologique.

De même, l'expression « que ton nom soit sanctifié » est, elle aussi, étrange. Et « ne nous soumets pas à la tentation » peut être mal interprété, comme si c'était Dieu qui nous soumettait à la tentation.

Le « Notre Père » contient des affirmations allusives à la réalité du règne de Dieu. Les mots utilisés donnent une synthèse de l'enseignement de Jésus et, pour les comprendre totalement, nous devrions relire une bonne partie de l'Évangile.

Mais ce que nous tenons à comprendre, c'est ce que Jésus a voulu nous enseigner, les contenus qu'il veut pour chacune de nos prières.

1. Dire « Père » n'invite pas à faire un effort d'imagination ou à nourrir une certaine idée de Dieu, mais plutôt à entrer dans la manière de prier de Jésus, lequel s'adresse toujours à Dieu en l'appelant « Père ». L'invocation « Père » constitue l'***atmosphère de la prière***, l'horizon dans lequel la prière s'accomplit. Cet horizon, qui est le sien, Jésus nous le place dans le cœur, nous le donne, nous le communique.

Dire « Père », nous rend disponibles, confiants, pleins d'abandon, certains d'être écoutés. Cela nous permet de dépasser les peurs et les incertitudes.

En disant « que ton règne vienne », nous exprimons un souhait, un souci quant à la manifestation de cette réalité que nous désignons par le nom de « Règne », et qui peut être exprimée de mille autres façons : justice, fraternité, triomphe de la vie, défaite de la mort, situation où il n'y aura ni larmes ni luttes, capacité de se connaître et de s'aimer profondément, plénitude du Corps du Christ réalisée dans l'Église, union vraie de tous les hommes et de tous les peuples.

Par cette expression, nous anticipons et attendons le projet de Dieu dans l'histoire.

Ton Règne, non le règne de Dieu tel que je l'imagine, mais celui que le Père prépare, me donne, place entre mes mains, me fait réaliser jour après jour. Le projet de Dieu possède des caractéristiques de plénitude, d'absolu, de pureté, de luminosité, qui ne peuvent être que les siennes. Nous les pressentons lorsque nous cherchons à les réaliser, le Règne se concrétisant sous la forme de notre projet humain, dans la configuration de notre Église, dans ces rapports fraternels vécus dans la plénitude évangélique, dans notre figure de construction du monde nouveau. Mais c'est le tien, ô Père ! Nous l'acceptons de Toi et Tu nous le révèles toujours plus grand, toujours plus élevé que nos demandes humaines.

Dans la dynamique entre le règne – projet que nous construisons quotidiennement – et le Règne que Dieu nous donne et qui est plus grand que notre projet, la prière nous rend actifs. Elle nous rend disponibles, prêts à l'éventuel conflit qui pourrait s'établir entre le règne tel que nous le voyons et le Règne tel que Dieu nous l'offre dans son infinie et mystérieuse sagesse. Un conflit qui s'est d'ailleurs réalisé dans la prière de Jésus à Gethsémani : « Père, que ta volonté soit faite et non la mienne », que vienne non pas mon règne, mais le tien.

Par conséquent, l'expression « que ton règne vienne » nous forme à l'esprit du baptême : avec elle, nous entrons dans la réalité vécue de notre baptême.

2. Nous nous demandons : mais que doit-il se produire pour que ton règne vienne, pour que le projet de Dieu se réalise ? Que doit-il se produire pour qu'une telle réalisation soit efficace et possible ? À cela correspond la deuxième partie de la prière.

Si nous avions composé nous-mêmes le « Notre Père », nous aurions certainement introduit une longue liste de conditions externes et internes. Jésus en mentionne seulement trois.

Afin que le Règne se réalise, nous avons besoin de *persévérer dans l'aujourd'hui, à travers le pain quotidien*.

Nous devons faire preuve de *beaucoup de miséricorde* et de *pardon réciproques*, en trouvant la capacité de nous accueillir et l'indulgence avec laquelle Dieu accueille nos perpétuelles fautes et incapacités dans la réalisation du Règne.

Il nous faut le *soutien de Dieu pour ne pas céder à la tentation* quand l'épreuve se présente et alors que le Règne semble s'obscurcir autour de nous.

Dans la première partie du « Notre Père » nous étions décrits comme des anticipateurs désireux du Règne : « Vienne ; soit sanctifié ; soit faite sa volonté. » Dans la seconde, nous sommes de pauvres pèlerins du Règne.

3. Nous pouvons comparer ces moments de la prière avec les sentiments qui habitent notre cœur.

Nous avons dans le cœur, comme *parole* fondamentale adressée à Dieu, l'appellation de Père et nous la répétons avec confiance, abandon, tendresse.

En récitant le « Notre Père » nous pourrions nous arrêter longuement sur ce très simple mot, Père, comme le faisait Sainte Thérèse de l'Enfant Jésus.

Nous avons dans le cœur, comme *désir* fondamental, la plénitude du projet de Dieu auquel notre vie est appelée à se consacrer, à travers le Baptême et la présence dans les réalités de ce monde, dans toute forme de service aux frères, à l'Église, à la société.

Nous avons dans le cœur une humble perception de nous-même, qui nous fait demander dans la prière les choses essentielles et adaptées à notre faiblesse.

Unissons-nous à tous les frères et toutes les sœurs qui, avec nous, souffrent particulièrement de la faiblesse et de la pauvreté sur le chemin du Règne. Je pense à ceux qui sont les victimes de la violence, qui ont une vie familiale difficile, presque à la limite de l'intolérable, aux nombreux malades. Je pense au besoin de pain quotidien, d'espoir que ressentent tant de personnes, de ce souffle de force dont l'accueil permet de vivre la journée.

Viennent ensuite ceux à qui la perspective du Règne fait défaut, qui ne croient pas à un projet de Dieu dans leur vie. Ils n'ont pas d'avenir, ils ne savent pas où se diriger, ils n'ont rien qui les attire ou les pousse à s'engager pour un lendemain meilleur.

Apprenons à prier pour tous, prions avec tout le monde, surtout avec ceux que nous rencontrons chaque jour et que nous voudrions faire accéder à notre désir. À travers l'invocation du Père, permettons-leur de prendre part à cette merveilleuse prière ainsi qu'au sens de la paternité de Dieu que Jésus nous donne de vivre.

Le « Notre Père », tel que nous avons cherché à le comprendre, nous montre ce que doit être chacune de nos prières :

– nous adresser à Jésus, dans la grâce de l'Esprit, au Père, en lui offrant ce que nous sommes, toute notre vie. C'est ce qui se passe dans l'Eucharistie, à l'occasion de toute célébration liturgique de l'Église.

– avoir à l'esprit l'admirable dessein de Rédemption de Dieu, dans lequel s'insère notre histoire personnelle et qui s'est révélé à travers le mystère pascal de Jésus crucifié et ressuscité. Dans un tel dessein, je le répète, la prière doit nous conduire vers la charité active, Dieu étant mystère d'Amour, de Charité.

– croire que Dieu exaucera nos prières si elles sont faites au nom de Jésus ; si nous nous inspirons de sa conduite de Fils ; si nos demandes, le contenu de nos suppliques, expriment les désirs du Règne, la visée d'accomplir la volonté du Père, de nous laisser guider par l'Esprit-Saint.

Écriture et prière : la *lectio divina*

L'écoute de Dieu, de la part du chrétien, signifie concrètement l'écoute de la Parole contenue dans la Bible. Le contact avec cette Parole conduit à une richesse de vie inattendue. Pour moi qui lis l'Écriture depuis environ cinquante ans, elle apparaît à chaque fois nouvelle au point d'éveiller en moi de l'étonnement, de créer ce choc de l'intelligence et de l'émotion que suscite le sens des valeurs humaines, le contact avec les valeurs mêmes de Dieu. De manière opportune, dans la Constitution doctrinale *Dei verbum,* le concile Vatican II a longuement traité ce thème et synthétisé son enseignement en quatre points :

- tous les fidèles doivent avoir un accès direct à l'Écriture ;
- ils doivent la lire fréquemment et volontiers ;
- ils doivent apprendre à prier à partir de la lecture directe de la Bible ;
- le but étant de parvenir à la *connaissance transcendante du Christ-Jésus,* on ne peut y parvenir qu'en se référant à l'Écriture.

Saint Jérôme, cité par la Constitution conciliaire, disait : « L'ignorance des Écritures est ignorance du Christ. »

Des moyens concrets sont pour cela indispensables, afin que le chrétien parvienne à aborder les textes de l'Écriture et le Nouveau Testament et qu'il puisse les comparer avec son existence.

Parmi ces moyens ou méthodes concrètes, je suggère celui, patristique, de la *lectio divina*, appelée « divine » en ce qu'elle pratique la lecture et l'écoute d'un passage de la Bible.

Cette « lectio divina » comporte différents niveaux – *lectio, meditatio, oratio et contemplatio* – qui, pour une utilité plus grande, sont généralement élargis à sept en y adjoignant *consolatio, discretio, deliberatio, actio*.

– La *lectio* est le moment de lecture et relecture d'une page de l'Ancien ou du Nouveau Testament en mettant en évidence ses éléments porteurs. Il s'agit d'une attitude dynamique, d'un effort pour saisir, dans le texte, les reliefs, afin que, de « plaine » il devienne un « panorama de montagne », certaines parties se trouvant dans la lumière et d'autres dans l'ombre. En soulignant les verbes, les sujets et les objets, les différents éléments acquièrent une valeur insoupçonnée. La *lectio*, telle que nous la considérons, n'est pas un but en elle-même mais elle s'ouvre sur la *meditatio*. Elle doit donc toujours être pratiquée un peu de temps afin de pouvoir passer au-delà. Suffisamment longtemps pour que la *meditatio* ne soit pas stérile, pas trop longtemps pour ne pas en interdire la dynamique.

– La *meditatio* est la réflexion sur les valeurs du texte, surtout sur ses valeurs permanentes. C'est une deuxième façon d'aborder un passage. Non plus en fonction de la démarche analytique des sujets, des objets, des symboles, des mouvements internes et externes, mais selon celle des valeurs dont le texte véhicule est porteur.

La *meditatio* doit être accomplie avec l'esprit et avec

l'amour, ces valeurs étant souvent riches de résonances, de sentiments. Cela nécessite le dépassement de la quantité vers la qualité, le dépassement des formes extérieures, des figures géométriques et syntaxiques vers les contenus. C'est pourquoi il s'agit d'un moment important. Quelles valeurs Jésus exprime-t-il avec cette façon d'être ? Quelles valeurs Paul exprime-t-il et comment puis-je les faire miennes ? Le monde de la *meditatio* est très varié dès lors que l'homme se confronte du dedans avec la Parole et en fait son modèle, sa proposition, sa règle de vie. Il risque cependant de prolonger la *meditatio* à l'infini, en se félicitant d'avoir compris les valeurs du texte, de les avoir ordonnées et rapportées à sa propre vie. Il peut aussi croire vivre ces valeurs simplement parce qu'il est parvenu à bien les saisir, bloquant ainsi le processus dynamique de la prière et tombant dans le contentement de soi. Ce qui se situe à l'opposé de la spiritualité évangélique, même s'il se nourrit de paroles de l'Évangile.

La *meditatio* est ainsi une grande valeur qu'il faut apprendre, même s'il faut des années pour y arriver. Il est pourtant nécessaire, à un certain moment, de la dépasser, vers la *contemplatio*. La *meditatio* peut, d'une certaine façon, être pratiquée aussi par un non-croyant qui se satisfait des valeurs profondes exprimées par l'Écriture.

– Avec la *contemplatio*, nous entrons dans la prière spécifiquement chrétienne qui est « en esprit et en vérité ».

De la considération des valeurs, nous passons à l'adoration de la personne de Jésus qui résume toutes les valeurs, les synthétise, les exprime en soi et les révèle. C'est un moment orant par excellence où sont oubliées les choses qui ont été justement si utiles pour stimuler la conscience. On adore et on aime Jésus, on s'offre à lui, on demande pardon, on loue la grandeur de Dieu, on intercède pour sa propre pauvreté ou pour le monde, pour les gens ou pour l'Église.

Le centre et la référence de la *contemplatio* est toujours la personne de Jésus, révélateur du Père.

Sur le plan de l'ontologie ou de l'anthropologie surnaturelle, la *contemplatio* est la disponibilité au don inné de la charité. L'homme est alors dans la situation idéale pour accueillir consciemment, ou du moins avec une totale disponibilité, le don inné de charité, pour laisser vibrer en soi l'Esprit de la Sainteté.

La *contemplatio* est donc, en partie, un exercice actif d'amour, et en partie un exercice passif, un espace donné à l'Esprit du Christ afin qu'en nous il adore, loue, glorifie le Père. Le don inné de charité est présent, à l'état de germination, par chaque baptême. Très souvent il n'a pourtant pas d'espace d'expression, d'espace corporel, mental, structurel : la *contemplatio* est exactement le moment où l'on donne espace à l'Esprit-Saint. C'est en cela que nous pouvons également l'appeler « conversion » de l'homme qui s'adresse totalement à Dieu, qui le choisit en permanence, est attiré par lui, l'aime de tout son cœur, de tout son esprit, de toutes les forces élevées surnaturellement de l'Esprit.

Ici réside le point culminant des diverses étapes de la dynamique de la prière, la norme, la référence des étapes précédentes. En attendant, la *lectio* est utile, la *meditatio* est importante, parce qu'elles débouchent dans la *contemplatio* qui est vie au sens plein. La vie du Christ vit en celui qui contemple.

Ajoutons que, à ce moment de la dynamique de la prière, seule existerait l'expérience mystique innée, la perception consciente de l'action de Dieu : l'union avec Dieu s'opère à des niveaux mystiques mais n'est pas nécessairement partie intégrante du déroulement ordinaire de la vie chrétienne. La dynamique explicative de la *contemplatio* n'en demeure pas moins. C'est pourquoi j'ai tenu à souligner les quatre niveaux de la *lectio divina*.

– *Consolatio*. Nous peinons à définir ce terme alors qu'il s'agit d'une réalité bien connue du Nouveau Testament. Paul l'utilise beaucoup, soit comme verbe – *parakaléo* – soit comme substantif – *paráklesis*. Il le prévoit même comme ministère : « Qui a le ministère de la consolation – *parakalôn* – s'occupe de la consolation »– *paraklései* (*cf. Romains* 12 ,8). *Consolatio* est une appellation de Dieu, le Dieu de la patience et de la consolation (*cf. Romains* 15, 4 ; *II Corinthiens* 1, 3) et le Nouveau Testament la considère comme une réalité fondant l'expérience chrétienne.

Cela peut apparaître comme un apport subalterne. Le besoin d'être consolé nous semble presque un signe de faiblesse et c'est assez étrange si nous considérons que l'Esprit-Saint est qualifié de Paraclet, de Consolateur.

Que pouvons-nous donc comprendre par *consolatio* en tant que développement ordinaire de la *contemplatio* ? Qu'il s'agit de la joie profonde, intime qui provient de l'union avec Dieu, du miroitement joyeux de la communion avec lui.

Pensons à la joie que nous voyons apparaître dans les yeux des personnes particulièrement saintes, à ce je ne sais quoi de paix, de sérénité, de tranquillité que n'altère même pas la souffrance. C'est l'attachement au culte de Dieu, le rapport avec Dieu vécu joyeusement.

L'homme, parvenu à la contemplation sait qu'aucune force humaine ne pourra lui arracher cette paix qui est un don de Dieu. Paul exprime cette certitude joyeuse quand il s'exclame : « Qui pourra nous séparer de l'amour du Christ ? Sera-ce l'affliction ? Ou l'angoisse, la persécution, la faim, le dénuement, le péril ou l'épée ? [...] J'ai, en effet, la ferme conviction que ni la mort ni la vie, ni les anges ni les Principautés, ni le présent ni l'avenir, ni les puissances, ni les sommets ni les abîmes, ni quoi que ce soit dans la création, ne pourra nous séparer de l'amour que Dieu nous témoigne dans le Christ Jésus, notre Seigneur » (*Romains* 8,

35. 38-39). La consolation est la force que nous sentons sortir, à deux mille ans de distance, des paroles de Paul. La *consolatio* a beaucoup d'autres noms : dans certaines périodes de l'histoire de la spiritualité, on l'a nommée « ferveur » ou bien « dévotion » (saint François de Sales). Une façon de décrire la promptitude radieuse et spontanée avec laquelle l'homme se donne à Dieu. saint Jean Eudes l'a appelée « le règne de Jésus » : la vie est le règne de Jésus qui se développe en nous.

Voilà pourquoi nous ne devons pas négliger la *consolatio*. Parfois, une certaine culture prétendûment spirituelle nous laisse croire que seuls comptent l'accomplissement du devoir, la loyauté et le comportement juste. Mais l'homme loyal et juste ne peut pas ne pas exprimer cette plénitude de soi, qui est la force et l'enthousiasme de la joie intérieure.

Certes, il s'agit de joie spirituelle cachée dans les profondeurs. Elle peut venir à manquer, voilée et obscurcie par les épreuves, l'aridité, les désolations, les tentations, la déréliction, **la croix**. Ce n'est pas pour cela que l'homme est appelé. Il est appelé par la lumière irradiante, et répandue dans l'expérience, du Christ ressuscité. La consolation est cette lumière irradiante. Ce n'est pas un phénomène secondaire, même si elle doit être distinguée des purs états d'enthousiasme naturel.

– *Discretio* ou discernement. La *consolatio* place l'homme en merveilleuse symbiose avec les valeurs évangéliques. Elle est l'attirance intérieure pour le Christ, sa proximité, sa pauvreté, pour ceux qui sont semblables à Jésus dans la souffrance. Elle est l'exemple généreux de la croix. Les grands choix du Christ, son abandon au Père, son détachement, son dévouement pour l'homme deviennent des valeurs naturelles au moment de la *consolatio*.

Le discernement évoque la capacité intérieure de choisir, selon et comme le Christ. Sa relation avec la *meditatio* est très étroite dans la mesure où celle-ci fait émerger les valeurs de Jésus, tandis que la *discretio* conduit au choix. François d'Assise rencontre le lépreux, reconnaît en lui le Christ et, dans l'élan de l'Esprit, l'embrasse plein de joie, dépassant ainsi une très forte répugnance naturelle. La discretio lui a fait accomplir le même choix que Jésus.

– *Deliberatio* est l'acte intérieur par lequel l'homme se décide pour les choix selon le Christ et elle débouche nécessairement sur l'*actio*.

– L'*actio* désigne la façon de vivre et d'agir selon l'Esprit du Christ, c'est l'accueil total en soi de la conscience apostolique, son intériorisation, la transformation de ce choix en acte de volonté auquel on se conforme difficilement, mais aussi en réalité ancrée en nous à travers la dynamique de la prière.

De ce point de vue, la prière ne vise plus seulement à prier pour mieux réaliser quelque chose. Elle cherche à faire émerger le choix, la formation de sa propre vie, à partir de choix évangéliques intériorisés.

Avant de conclure[3], je désire rappeler l'importance de la contemplation sans laquelle tout devient insipide et fastidieux, exécution de préceptes, volontarisme et moralisme. Le défaut de contemplation nous interdit d'appréhender les différents aspects de l'expérience chrétienne et de vivre réellement le « viens et suis-moi » lancé par Jésus. Dans la contemplation, l'homme atteint le maximum de clairvoyance et de force. C'est en elle que se fonde et va se vérifier progressivement le projet-homme, à mesure qu'elle s'intègre dans les actions, dans la culture, dans l'expression extérieure de la personne.

Le passage de la méditation à la contemplation est donc un moment vital et déterminant de l'expérience chrétienne. Souvent notre expérience chrétienne en reste, au maximum, à un niveau de méditation, de réflexion, de belles pensées. Mais elle est encore obscure sur beaucoup de valeurs du don de Dieu à l'homme. Telle est l'expérience des apôtres dans l'Évangile de Marc, quand ils entendent et ne comprennent pas ; ils ont des yeux mais ne voient pas. Dès lors que l'on ne se réfère pas à la contemplation, on se retrouve dans l'incertitude, aux prises avec de perpétuelles interrogations et des désirs d'évasion.

Nos questionnements doivent dès lors porter sur la manière dont nous pratiquons la *lectio* et la ***meditatio***. Et, plus encore, sur la façon dont nous nous ouvrons à la contemplation, que nous considérons fondamentale pour notre chemin de foi.

Je crois, pour ma part, que nous avons tous eu des moments de vraie contemplation, durant lesquels nous avons pu ressentir aussi la consolation de Dieu.

On nous invite à réfléchir sur de tels moments et à les valoriser justement, selon les désirs du Seigneur.

Observations importantes sur la *lectio divina*

Si on aborde la Bible grâce la *lectio divina*, il faut éviter le risque de débordement de la *lectio* hors du cœur de la tradition et de l'Église. Il arrive fréquemment que l'Écriture soit utilisée non seulement dans le but de critiquer nos idoles, mais encore dans celui de critiquer des institutions de manière globale et dépourvue de discernement. L'autre danger consiste à asservir le texte sacré à des idéologies préexistantes (politiques, sociales, philosophiques), en l'utilisant comme preuve ou appui.

La lecture de la Bible tend, en ce cas, à sortir du contexte vital où elle a pris naissance et s'est transmise.

Même là, sous le nom de *lectio*, on risque de mettre une quelconque lecture de la Bible qui soit, d'une façon ou d'une autre, unie à la prière. On est, en outre, fréquemment enclin à faire de la « théologie biblique » en traitant les thèmes de l'un ou l'autre des Testaments, ou en cherchant des actualisations à partir d'un passage choisi au hasard ou présent dans la liturgie. Tout cela fait partie de la lectio, mais ne définit certainement pas sa caractéristique la plus profonde. Il me paraît donc utile de rappeler ces propos du père jésuite Francesco Rossi de Gasperis, dans une stimulante étude[4] : « La *lectio divina* est une lecture continue » (je préfère dire « tendanciellement » continue) « de toutes les Écritures, dont chaque livre et chaque section doit être successivement lu, étudié et médité, compris et goûté ***au moyen du contexte de toute la révélation biblique, de l'Ancien et du Nouveau Testament***. Par cette simple adhésion et l'humble respect de l'intégralité du texte biblique, la *lectio divina* est une praxis d'obéissance totale et inconditionnelle à Dieu qui parle, où l'homme devient un ***auditeur attentif de la Parole*** [...]. La *lectio divina* n'utilise pas une sélection de textes adaptés à des thèmes, des sujets déjà choisis et décidés à l'avance, en vue de besoins ou de goûts précédemment expérimentés ou perçus par le lecteur ou la communauté qui lit. Elle n'adopte même pas la méthode des « thèmes bibliques » en préférant au contraire se tenir en-deçà de toute sélection théologique du message biblique. Elle commence par la Parole de Dieu et la suit pas à pas du début à la fin. La *lectio divina* suppose et prend au sérieux l'unité de toute les Écritures. »

Si la *lectio divina* est donc vécue dans sa dynamique qui, partant des trois premières étapes – l*ectio, meditatio, contemplatio* – s'étend et s'ouvre à la *consolatio*, la *discretio*, la *deliberatio* et l'*actio*. Elle peut ainsi se montrer d'un précieux secours face au défi que doit actuellement relever le monde occidental.

Un monde où le mystère de Dieu est quasi-absent dans les signes extérieurs de la vie et de la société. Un monde intérieurement aride, qui étouffe la conscience et ne laisse pas percevoir le goût du Dieu Vrai dans l'expérience quotidienne. C'est seulement si nous alimentons notre foi par un contact avec la Parole, que nous pourrons traverser indemnes le désert spirituel de l'Europe moderne.

Un exemple de *lectio divina*

Commençons la lecture du psaume (22) 23 :

> « Le Seigneur est mon berger, je ne manque de rien,
> il me fait reposer dans de verts pâturages.
> Il me conduit auprès des eaux reposantes,
> il restaure les forces de mon âme.
> Il me mène dans le droit chemin,
> pour l'honneur de son Nom.
> Quand j'aurais à marcher dans la vallée des ombres de la mort,
> je ne craindrais aucun mal, car tu es avec moi.
> Ton bâton, ta houlette,
> voilà mon réconfort.
>
> Tu me dresses une table
> sous les yeux de mes ennemis ;
> Tu me verses du parfum sur la tête,
> ma coupe est débordante.
> Les bienfaits de ta bonté m'accompagneront
> tous les jours de ma vie ;
> et j'habiterai tout au long de mes jours
> dans la maison du Seigneur. »

Nous avons bien souvent chanté ce psaume dans la liturgie des messes dominicales et des messes de semaine, mais nous ne le connaissons peut-être pas vraiment. Le grand philosophe français Henri Bergson dit à son sujet :

« Les centaines de livres que j'ai lu ne m'ont pas procuré autant de lumière et de réconfort que ces versets du psaume 23 :

"Le Seigneur est mon berger :
je ne manque de rien ;
[...]
Quand j'aurais à marcher dans la vallée des ombres de la mort,
je ne craindrais aucun mal, car tu es avec moi. »

1. Au moment de la *lectio* nous relisons le texte pour en mettre en évidence les éléments, tout en cherchant à répondre à la question : que dit le psaume ?

– Le psaume 23 est souvent appelé « le psaume du berger », parce qu'il parle d'un berger, ou plutôt du Seigneur sous l'image du berger, et en développe le symbole.

Ce titre ne me semble pas adapté car, en prêtant attention aux trois strophes, nous nous apercevons que l'image du pasteur est seulement développée jusqu'au verset 4 : « Ton bâton, ta houlette. »

À partir du verset 5, une autre image est évoquée, celle de l'hôte qui invite au repas : « Tu me dresses une table ... »

Les symboles sont donc au nombre de deux : le pasteur et celui qui nous invite au repas en nous traitant royalement et nous faisant rester en sa compagnie.

Pour ce motif, j'estime plus adéquat cet autre titre : « Car tu es avec moi. » Il me paraît remarquablement exprimer la tension spirituelle, psychologique, humaine et théologique du psaume. « Car tu es avec moi » est une affirmation qui se trouve, presque visuellement, à la moitié du chant, de la prière du psalmiste, résumant tout avec une expression d'une grande *confiance* : tu es avec moi.

C'est clairement un psaume de confiance, et nous tenterons de comprendre ce qu'il implique en pratique.

– Tentons maintenant de cerner les personnages, les sujets agissant dans le texte. Ils sont deux : le *Seigneur et moi,* c'est-à-dire celui qui parle.

Neuf actions sont attribuées au Seigneur : il est mon berger ; il me fait reposer ; il me conduit ; il me restaure ; il me guide ; il est avec moi ; il me réconforte ; il me dresse une table ; il oint d'huile ma tête.

Neuf indications du soin, de l'attention, de l'empressement, exprimées au travers de métaphores, de paraboles, de symboles. Neuf définitions du Seigneur, Celui qui *prend soin de moi.*

En face, il y a moi, qui affirme ne manquer de rien, ne craindre aucun mal, voir ma coupe déborder, sentir le bonheur et la grâce comme compagnes de vie, vouloir habiter dans la demeure du Seigneur.

Dialogue affectueux, confiant, familier entre le Seigneur et moi : il décrit ce qu'il est, ce qu'il fait pour moi, ce que je lui dis. Prière extrêmement simple, qui ne demande rien, ne remercie pas, ne loue pas, et c'est pourquoi elle est si riche. Si nous voulions ensuite examiner la portée des symboles mis en valeur, nous trouverions une étendue d'applications, ainsi que le démontre l'histoire de l'exégèse du psaume 23.

– Nous pouvons à présent relire les strophes du point de vue des images. Déjà mentionnés, le berger et l'hôte, renvoient aux images du ***pâturage*** et de la ***convivialité***, de l'hospitalité à table.

Chacune est développée avec d'autres qui complètent et enrichissent le tableau.

L'image du berger – très présente dans la Bible jusqu'au discours de Jésus sur le bon berger, chez Jean 10 – est précisée : « Il me fait reposer dans de verts pâturages. Il me conduit auprès des eaux reposantes. » C'est la pause du troupeau dans les verts pâturages et auprès des eaux tranquilles. Qui a vu les déserts ou les campagnes de Palestine, sait combien il est difficile de trouver un pâturage verdoyant. Quand un berger parvient à en dénicher un, cela fait vraiment la joie du troupeau. Celui qui a souffert de soif dans le désert peut comprendre ce que signifie la rencontre de quelqu'un capable d'indiquer l'emplacement d'une source d'eau, fût-elle cachée sous les pierres.

Le berger du psaume ***fait s'arrêter le troupeau dans l'endroit approprié.***

Il ***sait faire voyager*** : de l'image du troupeau à l'arrêt dans de verts pâturages dérive celle du ***troupeau en mouvement***, guidé sur les bons sentiers, sur les pistes menant à bonne destination. Dans ce voyage on peut même « marcher dans la vallée des ombres de la mort ». Nous pensons au désert de Juda et à ses vallées pierreuses, encaissées, abruptes, dangereuses si on se perd de nuit ou si on trébuche dans quelque escarpement. Le berger du psaume sait même guider, de nuit, dans une vallée obscure.

Les images se multiplient : celle du ***bâton*** et de la ***houlette***. Probablement, le bâton fait-il penser à l'arme qui permet de défendre le troupeau des loups. La houlette, au contraire, c'est aujourd'hui la crosse de l'Évêque, un long bâton incurvé, sur lequel le berger s'appuie, où il peut suspendre un sac, ou qui lui permet de tâter le terrain et de tenir éloignés les chiens errants. Une métaphore pittoresque, qui illustre tout ce que le berger fait par amour de son troupeau, pour le conduire. Cela, le *Seigneur le fait pour nous*.

Suivent les *images conviviales* : « Tu me dresses une table » (veset 5). Imaginons-nous sous une tente, sur une natte étendue à terre. Sur cette natte, des mets succulents, que l'on prend avec les mains : on met un peu de pain dans une sauce et on y trempe de petits bouts de viande. Imaginons profiter de ce repas des heures durant. Avant qu'il ne commence, celui qui nous invite nous verse du parfum – « verse du parfum sur la tête » – tout comme le fait Marie de Béthanie quand Jésus entre chez elle.

Sur la table il y a aussi une coupe, un calice débordant de vin pétillant, qui procure de la joie.

Les images conviviales débouchent, au verset 6, sur l'image de la demeure du Seigneur : « J'habiterai tout au long de mes jours dans la maison du Seigneur. » La tente hospitalière devient, à un certain moment, le temple, la maison de Dieu, chez qui l'on se retrouve vraiment.

– Nous pourrions nous arrêter sur chacune de ces métaphores pour en éclaircir encore la signification.

Que signifie « eaux reposantes » ? Ce ne sont pas uniquement des nappes d'eaux où l'on boit en paix et sans danger. Il s'agit d'un chemin de paix, d'un chemin spirituel vers la paix intérieure, où l'on se récupère à la fin d'un voyage dangereux.

Que signifie « vallée obscure », ténébreuse ?

Ce n'est pas seulement un accident de terrain où n'arrive pas le soleil, où la nuit est profonde. Dans la psychologie humaine, cela renvoie plutôt à la peur du noir de la mort qui taraude la conscience et ne se calme pas, à moins qu'une voix ne vienne, d'en haut, apporter une parole de réconfort.

J'invite chacun de nous à méditer et à goûter toutes ces

images poétiques, même si nous ne pouvons en apprécier la poésie et le rythme propres au texte hébraïque. Mais certaines assonances se retrouvent également dans la traduction française.

2. En passant à la *meditatio*, nous reformulons la question initiale en songeant à nous : quel message le psalmiste délivre-t-il *pour moi*, *pour nous* ? Que conte cette poésie religieuse aujourd'hui ?

– Les mots-clés du message sont, à mon avis, au nombre de quatre :

. je ne manque de rien ;
. tu es avec moi ;
. ton bâton, ta houlette, voilà mon réconfort ;
. j'habiterai dans la maison du Seigneur.

Le message est clair : Seigneur, je ne manque de rien parce que tu es avec moi, tu me réconfortes et je réside en ta maison.

– Pour pouvoir prendre au sérieux ces paroles, il convient de se demander *sur qui elles rejaillissent*. La réponse est alors évidente selon moi : elles concernent des *cœurs inquiets*, nos anxiétés, nos peurs, nos sentiments d'insécurité.

Depuis quelques années, j'accompagne plusieurs centaines de jeunes âgés de dix-huit à vingt-cinq ans, qui participent au chemin dit de « Samuel » et cherchent avec une grande disponibilité la volonté de Dieu dans leur vie. Afin qu'ils accomplissent un cheminement sérieux, je leur propose chaque année des règles : par exemple, s'abstenir de télévision ou en faire une utilisation réduite. Parmi les autres, il y a la quatrième règle qui dit : bannir toute forme d'anxiété sur moi et sur le futur.

Pour beaucoup de ces jeunes gens et jeunes filles, il n'est

guère difficile de se priver de télévision, alors qu'il leur est particulièrement difficile de bannir toute forme d'anxiété sur soi et sur l'avenir. Ils pensent qu'il s'agit de la règle la plus dure. Notre cœur est incertain, nous sommes perpétuellement à la recherche d'assurances, sur notre devenir, sur nos relations, sur nos capacités, sur le risque de commettre des erreurs très graves dans les choix décisifs de la vie.

Le psaume 23, de ce point de vue, est un remède salutaire, réconfortant, divin, efficace pour toutes les anxiétés du cœur humain. Il est une splendide prière qu'il faut répéter avec foi devant Jésus : Seigneur, je ne manque de rien devant toi ; tu es avec moi, tu me rassures, tu me fais habiter dans ta maison. Quel extraordinaire exercice de foi et d'espoir.

– Dans le désir d'approfondir le message, de sonder davantage notre cœur, nous nous interrogeons : quand je prononce les paroles du psaume, quand je le récite dans la prière, ***suis-je vraiment sincère*** ?

Je crois que nous devons tous confesser un peu de superficialité en la matière. Parfois, les paroles du psaume nous poussent à la prière, si nous vivons des instants sereins, s'il n'y a ni souci ni problème à l'horizon. Dès que nous entrons dans une vallée obscure, que nous apercevons devant nous l'ombre de la mort (un échec, la solitude, un fiasco dans la vie, la douleur physique ou morale...), il devient alors malaisé de dire : je marche dans une vallée obscure, mais je suis en paix parce que toi, Seigneur, tu es avec moi.

Même si elles sont vraies et salutaires, ces paroles sont difficiles à prononcer avec le cœur.

– Que faire alors quand nous nous trouvons dans une vallée obscure, dans la vallée de la mort, dans l'ombre, dans l'abîme ? Nous devons faire ce que Jésus a fait. Il est entré dans l'obscure vallée de Gethsémani. Il est entré dans l'obscurité de l'agonie de la croix. Il s'est senti abandonné et a crié : « Mon Dieu, mon Dieu, pourquoi m'as-tu abandonné ? » Mais à cet instant, il a adressé à Dieu des paroles semblables à celles du psaume : je sais que Toi, Père, tu es avec moi, dans Tes mains, je remets mon esprit.

Jésus, contemplé à Gethsémani et sur la croix : tel est le modèle à suivre, celui qui nous garantit en disant : malgré tout, vous aurez la force de prier le psaume 23, ou plutôt vous la possédez déjà parce que c'est moi qui vous la donne.

Il me vient à l'esprit ce que saint Bonaventure écrit à propos de saint François qui, durant l'été 1219, se rend en Palestine et se voit reçu par le sultan d'Égypte après avoir traversé les lignes militaires musulmanes. Dans ce moment de très grave danger, de peur, presque de folie (il aurait pu renoncer à la visite, évitant un parcours si risqué), François continue le voyage en répétant : « Si je dois marcher dans une vallée obscure, je ne craindrai aucun mal, parce que Toi, Seigneur, tu es avec moi. »

3. Dans la *contemplatio*, confiée à chacun personnellement, on cherche à aller au-delà du psaume pour toucher le visage de Jésus présent derrière chaque page, et dans chaque page, de l'Écriture. Peut-être, le point de départ sera-t-il une invocation, une prière en laquelle j'exprime au Seigneur mes sentiments, écoutant les paroles de tel ou tel verset. Mais soudain, la prière n'est plus un exercice de l'esprit, elle devient plutôt louange, silence face à Celui qui s'est révélé à moi, qui me parle tel un ami, un médecin, un sauveteur. La contemplatio est une sorte d'expérience magnifique, mystérieuse, à travers laquelle nous devinons avec le cœur que le Ressuscité est au milieu de nous : Seigneur de notre vie et Seigneur de l'histoire.

3. Le péché

Le refus du dessein de Dieu

« Mais le Seigneur Dieu appela l'homme : "Où es-tu ?" dit-il. Il répondit : "Je t'ai entendu passer dans le jardin ; j'ai eu peur, parce que je suis nu, et je me suis caché." Le Seigneur Dieu : "Qui t'a révélé que tu étais nu ? Aurais-tu mangé du fruit de l'arbre dont je t'avais interdit de goûter ?" L'homme répondit : "La femme que tu as mise auprès de moi m'a présenté de ce fruit, et j'en ai mangé." Le Seigneur Dieu dit à la femme : "Pourquoi as-tu fait cela ? – Le serpent m'a trompée, répondit-elle, et j'ai mangé de ce fruit." Alors le Seigneur Dieu dit au serpent : "Puisque tu as fait cela, tu seras maudit entre tous les animaux et les bêtes des champs. Tu ramperas sur ton ventre et tu mangeras de la poussière tous les jours de ta vie. Entre toi et la femme je mettrai la haine, entre ton lignage et le sien. Celui-ci te blessera à la tête, et toi tu le blesseras au talon » (*Genèse* 3, 9-15).

Ce dialogue très vif entre Dieu et l'homme met en évidence la confusion, l'obscurité, la honte du péché de l'homme. Le Seigneur parle à quatre reprises et les trois premières interventions sont des questions précises : où es-tu ? Qui t'a fait savoir que tu étais nu ? Qu'as-tu fait ?

Elles sont suivies de la terrible prophétie d'un état d'inimitié et de division à l'intérieur de l'expérience humaine comme de l'histoire.

Aux quatre paroles de Dieu, les hommes répondent trois fois, avec des réponses timides, peu sûres, réticentes, en partie mensongères. Adam reconnaît avoir peur, peur de Dieu.

Il révèle ainsi un rapport faussé avec ce Dieu d'amour en lequel il ne sait plus reconnaître le Père, le Miséricordieux. Il ajoute, accusant Ève : la femme que tu as mise auprès de moi m'a présenté de ce fruit et j'en ai mangé. Il dénonce également un rapport irresponsable avec la compagne de sa vie, rejetant sur elle la faute qui harcèle sa conscience.

De son côté, par crainte ou confusion, la femme répond : le serpent m'a trompée. Ce qui traduit un rapport irresponsable avec elle-même, avec sa culpabilité personnelle, avec ses responsabilités évidentes.

Dans l'ensemble, Adam et Ève, avec leurs mots, soulignent la division, l'obscurité, la confusion qu'engendre l'état de péché chez l'homme, à savoir l'éloignement de Dieu.

Au commencement, Dieu rêve d'une terre de paix et de bien-être, où le travail n'est pas oppressant et la vie en commun ne débouche pas sur le conflit. L'homme se rebelle contre ce rêve et contre la splendeur. L'immense valeur de la liberté que lui a concédée Celui qui l'a créé et aimé, se transforme, entre ses mains, en instrument de négation, en un projet ***autre que celui qui lui avait été proposé***.

La question adressée par le Seigneur à Adam – « Où es-tu ? » – est celle que Dieu pose à chacun d'entre nous qui n'avons pas remis pleinement notre vie à son dessein d'amour : où sommes-nous, à cause du manque de confiance ou du peu de confiance en lui ?

Adam est l'homme de tous les temps. Il n'accepte pas l'amour de Dieu, refuse la condition de créature et de fils, ne veut pas être le fils adoptif de Dieu. Il se rebelle contre un Dieu qui le sert.

Sa peur a marqué toute l'histoire, comme elle a marqué une humanité craignant Dieu parce qu'elle l'imagine en redoutable punisseur, elle se sent apeurée face à la mort, à la souffrance, à toute forme de privation ou de danger. En refusant Dieu, notre société et nous-même n'irons pas bien loin. Les conquêtes du progrès pourront même devenir notre Babel et notre mort.

Dans les réponses d'Adam et Ève au Seigneur, nous trouvons qu'il manque l'unique parole adaptée, celle qui a du mal à parvenir aux lèvres de tout homme, parce qu'il a perdu de vue le vrai visage de Dieu : « C'est contre toi seul que j'ai péché. » C'est la réponse simple de David, dans le psaume 50.

Dans un passage de l'Évangile de Luc, nous trouvons un autre dialogue qui correspond bien à ce qui s'est passé dans le jardin d'Eden entre Dieu, Ève, Adam et le serpent. C'est le récit de l'Annonciation :

« Au sixième mois, l'ange Gabriel fut envoyé par Dieu dans une ville de Galilée, appelée Nazareth, auprès d'une vierge fiancée à un homme de la maison de David, nommé Joseph ; le nom de la vierge était Marie. L'ange lui dit en entrant : "Je te salue, pleine de grâce, le seigneur est avec toi." Bouleversée par ces paroles, elle se demandait ce que signifiait pareille salutation. L'ange lui dit : "Rassure-toi, Marie, tu as gagné la faveur de Dieu. Tu vas concevoir et enfanter un fils, à qui tu donneras le nom de Jésus. Il sera grand : on l'appellera Fils du Très-Haut ; le Seigneur Dieu lui donnera le Trône de David, son père ; il règnera sur la maison de Jacob éternellement, et son règne n'aura pas de fin." Mais Marie dit à l'ange : "Comment cela se fera-t-il, puisque je ne connais point d'homme ?" L'ange répondit : "L'Esprit-Saint viendra sur toi, et la puissance du Très-Haut te couvrira de son ombre. Aussi l'être saint qui naîtra de toi sera-t-il appelé Fils de Dieu." [...] Marie dit alors : "Voici la servante du Seigneur ; qu'il me soit fait selon ta parole » (*Luc* 1, 26-38).

Le texte de la Genèse prédisait que la malédiction contre le serpent s'élargirait à une lutte incessante entre peur et espoir, entre refus du projet d'amour de Dieu et plein accueil de celui-ci. Il prédisait la victoire définitive du bien.

Marie accueille la Parole, le dessein de Dieu ; et c'est l'aurore du salut définitif. Ainsi une femme est-elle destinataire de l'annonce d'un nouveau commencement. Contrairement au postulat des origines, de manière inattendue, une femme prend part au projet rédempteur. Nous nous demandons si, vraiment, nous avons compris l'importance de cet événement qui contraste tant avec le : « Entre toi et la femme je mettrai la haine. » En fait, il y a un principe réconciliateur de Marie et, à travers elle, de toute personne qui participe à son mystère. Un pouvoir réconciliateur que le monde n'a pas encore reconnu et que l'histoire de l'Église est appelée à exprimer.

Même le salut « pleine de grâce » signifie de nombreuses choses. Marie est très belle, d'une beauté intrinsèque ; elle est aimée de Dieu, d'un amour gratuit et rédempteur. Ce postulat de la grâce qui se penche sur l'humanité pécheresse et la réhabilite, est le fondement de la « bonne nouvelle ». Il est constitutif, non contingent comme l'est le péché. Le postulat du péché est pénétrant, envahissant, omniprésent, mais incapable de parvenir vraiment au fond de l'homme. Le péché attaque l'homme jusqu'en ses profondeurs, mais pas dans son essence.

La grâce, à l'inverse, guérit l'homme en profondeur et dans son essence, réconciliant intimement l'homme et l'humain.

En contemplant cette nouvelle Ève chacun de nous – malgré les péchés, les négligences, les infidélités, les craintes – recommence à croire en la clarté des origines, à poursuivre la joie et la splendeur de ces jours où Dieu descendait dans la brise du soir se promener dans le jardin. Chacun de nous recommence à être un motif d'espoir pour le monde.

Autres typologies du péché dans la Bible

Dans les premiers chapitres de la Genèse, la Bible nous présente encore trois autres typologies du péché. Celles-ci nous indiquent comment les trois rapports fondamentaux qui constituent la plénitude de l'homme et l'idéal de l'humanité – le rapport avec Dieu, le rapport entre les hommes et le rapport avec la terre – est méconnu et perverti.

L'histoire de Caïn et Abel

« Au bout d'un certain temps, Caïn présenta des fruits de la terre en offrande au Seigneur. Abel, de son côté, offrit des premiers-nés de son troupeau et de leur graisse. Le Seigneur eut égard à Abel et à son offrande, mais ne regarda pas Caïn et la sienne. Caïn en fut très irrité, et son visage était tout défait. "Pourquoi, lui dit le Seigneur, es-tu fâché, et ton visage est-il défait ? Si tu fais le bien, tu pourras te relever. Si tu agis mal, le péché est posté à ta porte et te guette ; mais toi domine-le » (*Genèse* 4, 3-7).

Qu'a fait Caïn ? Probablement, son offrande était-elle imparfaite ou avare, non dictée par la révérence et l'amour pour le Seigneur. Le péché prend cependant force et violence en lui quand il s'attriste et ne réussit pas à accepter que son frère soit meilleur. Il ne parvient pas à vivre en paix avec quelqu'un dont le destin diffère du sien.

Caïn ne réalise pas cette unité des diversités qui forment l'humanité. Au lieu de se sentir encouragé à atteindre le niveau d'Abel, il voudrait que son frère descende au sien. Il vit ***la tristesse de l'envie***, source des guerres, des conflits sociaux, des formes de racisme qui dévastent l'humanité. À notre époque, en Europe, ces drames gagnent en violence, à mesure que s'accroît le nombre de personnes d'autres races ou d'autres cultures, et parce que nous éprouvons des difficultés à vivre la fraternité avec les Africains, avec les Arabes, avec les Asiatiques. Nous avons du mal à vivre la dimension de l'accueil de l'autre, à chercher l'échange, à nous réjouir du bien pour l'autre.

Caïn a perdu le sens, la valeur du rapport avec son frère et en arrive à tuer. Dans une telle situation, il n'est plus capable d'écouter la voix de Dieu. C'est si vrai que Caïn la banalise, s'en amuse. « Le Seigneur dit à Caïn : "Où est Abel, ton frère ?" Il répondit : "Je n'en sais rien ; suis-je le gardien de mon frère ? » (verset 9).

L'histoire des fils de Dieu et des filles des hommes

« Quand les hommes eurent commencé à se multiplier sur la face de la terre et qu'il leur fut né des filles, les fils de Dieu virent que les filles des hommes étaient belles et firent parmi elles leur choix pour les épouser. Le Seigneur dit alors : "Mon esprit ne demeurera pas pour toujours en l'homme ; car l'homme n'est que chair, et sa vie ne durera plus que cent vingt ans." En ce temps-là (et même par la suite), des géants vivaient sur la terre, lorsque les fils de Dieu s'unissaient aux filles des hommes et qu'elles leur donnaient des enfants. Ce sont là les héros, si fameux, des temps anciens » (*Genèse* 6, 1-4).

Ce passage évoque des légendes et des sagas anciennes dont il est malaisé de dire quel a été le vrai contenu. L'écrivain sacré retient pourtant ces lambeaux de mémoire pour nous offrir un tableau d'oubli, de perte et de confusion des rapports fondamentaux.

Le premier porte, de nouveau, sur le thème de la fraternité et sur le rapport homme-femme : « Et ils firent parmi elles leur choix pour les épouser. » Nous lisons ici le début de l'appréhension de la femme comme objet, comme chose. Non comme un « tu » avec qui se produit un échange unique et indivisible. La femme est ramenée à une possession ; elle n'est pas perçue dans sa dignité égale à celle de l'homme.

Nous ressentons aujourd'hui vivement un autre aspect, celui qui est livré par la mention, un peu obscure, des géants. Elle pourrait laisser à penser que l'humanité s'était fait des illusions et avait pu s'imaginer créer des hommes disposant de pouvoirs divins, des sur-hommes.

Nous pensons à la terrible tentation de la biotechnologie, consistant à prendre en main la vie, à la multiplier, à créer de nouvelles races humaines et de nouvelles façons de vivre, imaginer que la terre puisse être un objet d'exploitation totale et que l'homme puisse vivre dans des tubes stellaires. Autant de projets que la science, se croyant omnipotente, élabore sans jamais s'arrêter, perdant ainsi le rapport équilibré de l'homme avec la terre.

Tout cela pour aboutir à la perte de la relation harmonieuse homme-terre et homme-corps, à l'inattention envers les rythmes de l'existence. Certainement, ceux-ci sont en perpétuelle évolution et l'homme doit savoir les dominer, mais ils ne peuvent être impunément détruits.

L'histoire de la tour de Babel

« Sur toute la terre il n'y avait qu'une seule langue, on se servait des mêmes mots. Des hommes émigrant vers l'Orient trouvèrent dans le pays de Sinéar une plaine où ils s'établirent. Ils se dirent l'un à l'autre : "Allons, faisons des briques et cuisons-les au feu." La brique leur tint lieu de pierre, et le bitume de mortier. Puis ils dirent : "Allons, bâtissons-nous une ville et une tour dont le sommet atteigne les cieux. Ainsi nous nous ferons un nom, de peur d'être dispersés sur toute la face de la terre." Mais le

Seigneur descendit pour voir la ville et la tour que bâtissaient les fils des hommes. "Voici, dit-il, qu'ils ne forment qu'un seul peuple et ne parlent qu'une seule langue. S'ils commencent ainsi, rien ne les empêchera désormais d'exécuter toutes leurs entreprises. Allons, descendons pour mettre la confusion dans leur langage, en sorte qu'ils ne se comprennent plus les uns les autres." Ce fut de là que le Seigneur les dispersa sur la face de toute la terre, et ils arrêtèrent la construction de la ville. C'est pourquoi elle reçut le nom de Babel, car c'est là que le Seigneur mit la confusion dans le langage de tous les habitants de la terre, et c'est de là qu'il les dispersa sur la face de toute la terre » (*Genèse* 11, 1-9).

Voilà une histoire mystérieuse, allusive, pleine de symboles. Une histoire qui se réfère à des situations originelles de l'humanité et se révèle, en ce sens, exemplaire. Elle dit non seulement ce qui s'est passé, mais ce qui pourrait se passer ou se passe.

Que s'est-il passé ? Au départ existe une parfaite communion : « Sur toute la terre il n'y avait qu'une seule langue, on se servait des mêmes mots. »

À un moment, on découvre la brique. Auparavant, lorsque l'on construisait avec du bois ou en empilant les pierres, on faisait une maison d'un étage maximum. Avec la brique, instrument malléable et de construction légère, l'homme se prend à penser qu'il n'y a plus de limites à ses possibilités opérationnelles et qu'il peut même parvenir au ciel.

En lui-même, ce fait technique n'est ni bon, ni mauvais. Derrière apparaît toutefois l'enthousiasme, la présomption, l'ambition qui provient des découvertes. Cela ressemble un peu à la découverte de l'*ordinateur*, au moyen duquel nous pouvons, aujourd'hui, imiter l'intelligence et avoir le monde en main.

« Allons, bâtissons-nous une ville et une tour dont le

sommet atteigne les cieux. Ainsi nous nous ferons un nom, de peur d'être dispersés sur toute la face de la terre » (verset 4). De la satisfaction de la découverte de la brique naît un projet exorbitant. La prétention d'une entreprise colossale, destinée à durer pour toujours et symbolisant l'autosuffisance humaine, illustre la capacité de l'humanité à s'édifier elle-même en absolu. Nous nous attribuons la gloire et nous nous croyons les arbitres de notre destin, présent et futur. Subtilement, implicitement, laïquement, le contrat avec Dieu est rompu. Or c'est Dieu qui donne un nom à l'homme, qui lance un pont vers lui.

En l'occurrence, le péché ne réside pas dans l'intention de construire une tour, mais dans la rupture du lien de respect envers Dieu, de la relation de dépendance de l'homme au Seigneur du ciel et de la terre.

Le texte biblique ne tire pas d'implications morales, mais nous les percevons dans la conclusion du châtiment divin : « Allons, descendons pour mettre la confusion dans leur langage, en sorte qu'ils ne se comprennent plus les uns les autres." Ce fut de là que le Seigneur les dispersa sur la face de toute la terre, et ils arrêtèrent la construction de la ville. C'est pourquoi elle reçut le nom de Babel, car c'est là que le Seigneur mit la confusion dans le langage de tous les habitants de la terre, et c'est de là qu'il les dispersa sur la face de toute la terre » (versets 7-9).

Nous sommes aujourd'hui au beau milieu de cette tentation, plus encore que par les siècles passés. Les découvertes incessantes nous ont conduits à penser ne plus dépendre de personne, pouvoir nous nommer nous-mêmes. Plus nous assumons des responsabilités sociales, civiles, politiques ou scientifiques, plus la mentalité qui nous environne perd ses références et les rend confuses, plus nous sommes poussés à vivre des situations qui vont de l'exaltation à la dépression, au manque de confiance dans la vie, au découragement, à l'amertume. De l'envie effrénée de tout posséder, on passe facilement au sentiment de sa propre pauvreté – physique, morale, spirituelle – et l'on finit par ne plus rien comprendre.

La tour de Babel est l'histoire d'une faute collective. Alors que le refus du dessein de Dieu par Adam et Ève était exprimé en termes individuels, le refus des gens de Babel emprunte une tournure collective.

La racine de ce péché est la prétention de l'homme à être le centre de tout, à ne pas avoir besoin de Dieu, à se détacher de la dépendance créatrice, sans nécessairement la nier mais en agissant en réalité pour son propre compte. Nous retrouvons ici le phénomène actuel de confusion culturelle, qui voit idées, pensées, projets ou philosophies révéler leur opposition à l'idée de servir Dieu, et donc l'homme en pâtit.

L'étendue du règne du mal

À la lumière des histoires bibliques et des réflexions induites, la question nous revient fréquemment : mais de quoi le Seigneur nous a-t-il sauvés ? Quel besoin avons-nous d'être sauvés ? Cela peut surprendre.

À la réponse qui indique qu'il nous a libérés du mal, de l'esclavage du péché, ils objectent : mais qu'est-ce que le mal, qu'est-ce concrètement que le péché ?

Je crois que notre conscience d'être sauvés devient réelle en nous quand nous nous rendons compte de l'étendue du règne du mal. En d'autres termes, nous en percevons les résonances en faisant l'expérience de *ce dont* nous avons été sauvés et continuons à l'être. En découvrant aussi à quel point et de quelle manière œuvrent en nous, en moi, les forces de l'esclavage, de la démolition, de l'annulation intérieure, de la perte des horizons.

En cheminant vers la maturité, nous percevons, en nous

et autour de nous, des formes de destruction toujours à l'œuvre. Nous faisons l'expérience que l'égoïsme prévaut sur l'altruisme, que l'orgueil est avide de pouvoir et de succès, que la manie de la lutte pour la première place ronge le cœur, que la fragilité humaine est en elle-même insurmontable. Alors, nous avons l'intuition de l'absolue nécessité d'un salut d'en haut.

Même en cheminant sur les routes de l'Évangile, nous ressentons le poids de notre faiblesse, l'inconsistance de nos propos, l'incapacité de programmer nos journées comme nous le souhaiterions. Nous percevons avec force la grandeur de l'amour de Dieu qui seul nous sauve de notre dispersion.

Saint Paul a admirablement décrit, avec des accents affligés, l'invincibilité du mal qui est en nous, en chacun de nous : « La loi nous le savons, est spirituelle ; mais moi, je suis charnel, vendu au péché. Je ne comprends pas ce que je fais ; je ne fais pas ce que je veux, je fais ce que je hais. Or, si je fais ce que je ne veux pas, je reconnais par là que la loi est bonne. Mais, en ce cas, ce n'est plus moi qui agis, c'est le péché qui habite en moi, je veux dire dans ma chair. J'ai bien la volonté, mais pas le pouvoir d'accomplir le bien. Ce que je voudrais, je ne le fais pas ; et je commets le mal que je ne veux pas » (*Romains* 7, 14-19).

Impuissance humaine historique : l'homme désire le bien et pourtant il s'aperçoit qu'il ne l'accomplit pas. Conditionné par les événements, les tensions, les difficultés, les oppositions qu'il doit surmonter, il s'endurcit. En s'endurcissant, il se replie, il sombre dans la possession et l'autodéfense. Ainsi refuse-t-il la dépendance de Dieu, de sa Parole, de sa miséricorde.

Dans les cas les plus extrêmes, il se laisse submerger et nie la transcendance de Dieu. Dans le meilleur des cas, il parvient à vivre un dualisme. Dans les bons moments, il lui semble être tout entier à l'écoute de la Parole. Puis, quand les circonstances lui deviennent particulièrement hostiles – déceptions, amertume, torts qu'il subit et qu'il a envie de renvoyer à leurs auteurs – il se défend bec et ongles, s'oppose aux autres et, surtout, ne se réfère plus à la Parole de Dieu.

Avec ce « péché qui habite *en mo*i » Paul a mis en évidence la profonde misère de l'homme, difficile à comprendre mais pourtant expérimentable dans ses manifestations, ses conséquences, au cœur des situations historiques.

Pour comprendre encore mieux de quoi le Seigneur nous a sauvés et nous sauve, il faut avoir à l'esprit les réalités qui nous accablent.

Les péchés personnels

La première de ces réalités a trait à nos *péchés personnels*, nos fragilités psychiques et morales, notre paresse, notre envie, notre ambition, notre vanité, notre sensualité.

L'apôtre Paul écrit à ce sujet : « On sait ce que produit la chair : débauche, impureté, libertinage, idôlatrie, magie, inimitiés, discordes, jalousies, emportements, cabales, dissensions, factions, envie, ivrognerie, orgies et autres excès de ce genre. Je vous préviens, comme je l'ai déjà fait : ceux qui s'y livrent n'hériteront pas du royaume de Dieu » (*Galates* 5, 19-21).

Nous sommes au niveau des péchés simples, personnels. La liste est impressionnante des quatorze attitudes négatives de l'homme, que Paul retire de son expérience et de son temps. Une vue réaliste et pessimiste de l'homme qui se meut dans la sphère de ses propres intérêts.

Un autre texte de Paul reprend ce tableau et le complète de nouvelles touches de couleur en établissant une liste de vingt-et-une attitudes négatives : « Comme ils ne se souciaient pas de posséder la connaissance de Dieu, Dieu les a livrés à leur esprit insouciant ; d'où leur conduite indigne. Ils sont remplis de toute espèce d'injustice, de perversité, de cupidité, de malice, ils sont plein d'envie, d'intentions meurtrières, d'esprit de querelle, de sournoiserie, de perfidie, ils sont délateurs, médisants, ennemis de Dieu, arrogants, hautains, fanfarons, ingénieux pour faire le mal, rebelles à leurs parents ; ils manquent d'intelligence, sont déloyaux, sans cœur, sans pitié » (*Romains* 1, 28-31).

La description semble rhétorique à force d'emphase.

L'apôtre sait pertinemment que sa description a également des racines en lui, suivant la Parole de Jésus dans l'Évangile de Marc : « Car c'est du-dedans, du cœur des hommes que procèdent les pensées mauvaises : dévergondages, vols, meurtres, adultères, cupidités, perversités, fraude, débauche, envie, diffamation, orgueil, folie, tous ces vices sortent du dedans et souillent l'homme » (7, 21-23). Pas seulement du cœur d'un homme qui, par hasard, serait né dans le malheur ou le drame, mais du cœur de *tout homme*.

La *stupidité* est le propre de ceux qui font des projets sans Dieu, des projets sûrs, tranquilles, entre lesquels on peut aisément naviguer, sans penser que ce ne sont que fétus de paille face à l'histoire, un rien pouvant les emporter.

L'*orgueil* est semblable à la stupidité. Il est prétention à se sauver soi-même, à conquérir la vraie liberté par ses propres efforts, refusant de rendre des comptes à Dieu.

La *calomnie* vient du fait que nous ne supportons pas le bien de notre prochain. Par elle, nous éprouvons le besoin de détruire, au moins un peu, l'autre en lui décochant quelque flèche, quelque allusion conflictuelle, dont nous pensons qu'elles rétabliront notre situation.

Les péchés personnels nous touchent tous et nous en percevons les effets d'injustice, de division, de rivalité. Ils sont en nous, plongeant leurs racines dans les penchants négatifs dont nous ne pouvons nous libérer tout seuls.

Savoir qu'ils sont en nous, pousse à les prendre au sérieux et à y réfléchir avec attention. Pensons par exemple à l'*envie*, thème récurrent, dans la liste de Paul (*Romains* 1, 29) ou dans celle de Jésus (*Marc* 7, 22).

Clément de Rome, quatrième pape, (mort vers 97 après J.-C.) écrit que Paul a été tué par envie. Non par la persécution, la méchanceté des païens, mais par l'envie de certains qui, étant ses rivaux, l'ont dénoncé. Cela veut dire que la communauté chrétienne était en proie à des dissensions, des rivalités, des divisions. Jusqu'à un certain point, ces factions se servaient des païens pour leurs propres manœuvres et vengeances. Certes, l'autorité païenne développait les persécutions, mais elle ne serait pas parvenue aussi facilement à ses fins pour ce qui concerne Paul, si les chrétiens avaient été plus unis.

La mort de Paul est attribuée à l'envie, à des délations et à des incitations venues du groupe même des croyants judéo-chrétiens, ou de groupes rivaux.

Si nous pensons aux autres aspects de cette liste de la *Lettre de Paul aux Romains* – diffamateurs et médisants – nous nous apercevons que, souvent, nous le sommes à notre tour dans notre façon de parler aux autres.

Il est particulièrement frappant que Paul, en suivant l'enseignement de Jésus, considère ainsi le péché fondamental qui est la base de tous les autres : « Comme ils ne se souciaient pas de posséder la connaissance de Dieu, Dieu les a livrés à leur esprit insouciant ; d'où leur conduite indigne » (*Romains* 1, 28).

L'intelligence dépravée concerne le cœur. Ce qui vient à manquer est l'intelligence du cœur, la capacité de l'homme à s'orienter dans toutes les réalités en fonction du dessein global de Dieu.

Il y a en nous des formes déstructurantes et destructives qui révèlent, au fond, une radicale méfiance envers Dieu, une résistance à accepter une vision de la vie fondée sur la primauté de l'initiative de Dieu. Le comprendre, c'est reconnaître la tendance de l'homme au péché. Les plus grands saints se disaient et se sentaient pécheurs, ayant bien compris cet enseignement.

Il est clair que les forces déstructurantes n'œuvrent pas toujours de manière évidente. Les raisons en sont variées et souvent c'est simplement la pression sociale qui inhibe. On voit parfois des tragédies qui, après avoir été longtemps contenues, éclatent à l'improviste sous l'effet de circonstances dramatiques, révélant ce qui habitait le cœur de l'homme.

C'est le péché qu'il faut vraiment soigner chez l'homme, pour traiter à la racine les œuvres de la chair. Injustice, malignité, cupidité, malice et envie ne sont pas de simples fragilités et faiblesses. Elles possèdent une origine plus profonde.

Les péchés structurels et sociaux

La deuxième réalité accablante concerne le mal répandu dans la société et dans l'histoire. Élargissons la réflexion aux nombreux péchés structurels et sociaux qui pèsent sur nous.

Les péchés structurels et sociaux ne sont évidemment pas seulement constitués par la somme des péchés personnels et des méchancetés individuelles. Ils trouvent refuge dans les systèmes de vie, les mentalités, les idées reçues. Ils sont une manière d'être et de vivre que l'Écriture sacrée appelle « le monde », au sens négatif. Une réalité au sein de laquelle, au-delà des mots, prévalent le profit, le besoin d'écraser les autres, de contre-attaquer, de soumettre.

Nous ne pouvons nier que la condition humaine soit tragique, que nous n'échappons pas à sa conflictualité. En parcourant l'histoire, nous nous étonnons que certains choix aient été faits, y compris par l'Église, comme la torture et la guerre. Nous devrions comprendre que leurs responsables vivaient en fonction d'idées reçues. Il leur était pratiquement impossible de se soustraire à une mentalité conduisant à commettre des injustices.

Chaque homme, chaque femme est conditionnée par des maux sociaux. Nous comprenons de quoi nous devons être sauvés, dès lors que nous identifions les liens et esclavages du péché dans lesquels nous sommes pris. Dès lors aussi que nous reconnaissons faire partie d'un monde injuste, violent, méchant, qui fait de nous les co-responsables, sur le plan psychologique du moins, de situations répugnantes.

Nous pensons, par exemple, au mal qui s'est manifesté à travers les grandes guerres, l'antisémitisme, les camps de concentration, la mort de millions et de millions de Juifs. Une mort sans raison, absurde... Voilà le poids du péché qui pèse sur nous et s'incarne au présent, dans les événements de Bosnie, du Burundi, du Rwanda, de l'Algérie ou de tant d'autres points du monde où périssent des centaines de milliers d'innocents, où des individus se trouvent entraînés à devenir cruels, violents, meurtriers.

Dieu offre à l'homme le salut lui permettant de retrouver, dans la plénitude de la rencontre avec le Christ, la potentialité de l'ouverture d'origine, celle qu'il a voulue et qui crée la mentalité du bien, la culture positive.

Nous trouvons un exemple du péché structurel et de la façon dont il nous enveloppe, dans la vie de Jésus, dans l'épisode qui annonce la passion : « Comme Jésus se trouvait à Béthanie, chez Simon le lépreux, quand il eut pris place à table, une femme entra ; elle tenait à la main une fiole de parfum de véritable nard, de grand prix ; elle brisa le flacon et répandit le parfum sur la tête de Jésus. Quelques-uns se dirent avec indignation : "Pourquoi gaspiller ainsi ce parfum ? On aurait pu le vendre plus de trois cents deniers et les donner aux pauvres." Et ils la rabrouaient. Mais Jésus dit : "Laissez-la ; pourquoi lui cherchez-vous noise ? C'est un beau geste qu'elle fait envers moi » (*Marc* 14, 3-6).

Il s'agit-là d'un jugement sur une action particulière. Jésus et la femme se trouvent isolés. Ceux qui les entourent, mûs par des raisons instinctives, condamnent ce geste, ne savent pas le comprendre. Cas typique de la force d'un état d'esprit, lorsqu'il se communique de l'un à l'autre et ne permet pas l'ouverture à la vérité d'une attitude qui a une signification prophétique. En agissant avec les convictions ordinaires, avec ce qui semble être le bon sens commun, tous s'opposent à Jésus qui reste seul.

Il est vrai que les péchés sociaux et structurels ne peuvent nous être imputés du point de vue moral, mais ils sont partie intégrante de notre esclavage. L'homme est incapable de créer un ordre social juste, où la faim, la pauvreté, la misère, les violences ne soient pas présentes. Les organisations internationales créées pour subvenir aux besoins des plus faibles ne parviennent pas elles-mêmes à agir afin que le bien de certains ne soit pas le mal des autres. L'histoire de l'humanité progresse ainsi de péché en péché, de guerre en guerre, d'oppression en oppression.

Peut-être, la perception lucide de notre part d'ombre collective nous couperait-elle le souffle. Dans son infinie bonté, le Seigneur permet que nous y pensions peu. Pour peu cependant que nous y réfléchissons, un cri du cœur jaillit spontanément : « Sauve-nous, Seigneur, accorde au monde ton salut. »

Les péchés collectifs rationalisés

Ce n'est pas tout. Aux péchés personnels et à nos fragilités psychiques et morales, aux péchés sociaux et aux injustices dont tout homme est complice par le seul fait de son existence, une troisième réalité vient s'ajouter : le poids des *péchés collectifs élevés en doctrine*. Sont ici désignées les idéologies, philosophies, déviances religieuses, traditions culturelles de tous acabits qui nomment bien le mal et le rationalisent, qui le justifient en lui conférant durée et persistance. De là naissent les catastrophes qui renversent les sociétés et bouleversent périodiquement le cours de l'histoire. Ils peuvent revêtir l'aspect d'une lente catastrophe, d'une peste qui, peu à peu, détruit une civilisation de l'intérieur. Ce ne sont pas simplement des structures organisées du mal, du péché, mais des structures de pensée produisant du mal.

Nous nous trouvons confrontés à une réalité diabolique, dans la mesure où le mal est considéré comme le bien en fonction de raisons d'État, d'intérêts économiques. De telles déviations sociales perturbent l'esprit, brouillent la vue, empêchent de juger correctement.

Le salut de Dieu, sa capacité à nous faire passer indemnes au travers de cet immense océan de mal est un miracle. Il équivaut à être appelé hors de la tombe, tel Lazare, à sortir de l'Égypte pour passer à gué la mer Rouge, comme les Hébreux.

L'idolâtrie hier et aujourd'hui

Étymologiquement, idolâtrie signifie culte des idoles, adoration d'objets fabriqués par l'homme et possédant une signification religieuse. Ces objets peuvent représenter un homme, une femme ou un animal (serpent, veau, aigle...). On les honore, on leur attribue des pouvoirs divins, magiques, supérieurs ; on les révère et les adore en leur offrant des sacrifices.

Il n'est pas facile de comprendre pourquoi l'homme se comporte ainsi : pour cela nous devrions entrer dans des discussions complexes d'anthropologie et de psychologie religieuse.

– Sa motivation la plus immédiate, qui était peut-être valable pour les anciens, doit être recherchée dans le fait qu'ils croyaient à une force mystérieuse inhérente à des objets déterminés.

– Mais il y avait probablement autre chose : ils croyaient à la force divine de la personne ou de la réalité représentée. Nous ne pouvons plus voir systématiquement en l'idolâtre quelqu'un qui prend l'objet pour Dieu. Au contraire, il croit par l'objet en référer à une personnalité divine, voire à une force astrale et mythique.

Même l'idole peut acquérir une valeur relative, et c'est pourquoi son adoration peut manifester un certain acte religieux vers ce que l'homme ne parvient pas bien à imaginer. Celui qui honore l'idole peut vouloir honorer, au travers d'un signe visible, une force divine invisible. C'est ce qui motivait les Hébreux lorsqu'ils construisaient le veau d'or dans le désert. Ils ne pensaient pas substituer un autre dieu à YAHVÉ, mais au contraire lui rendre un culte de façon tangible, disposer d'un symbole de la puissance grâce à laquelle YAHVÉ les avaient conduits hors d'Égypte.

– Même dans un semblable cas, qui est un acte d'idolâtrie des plus spontanément religieux, on pourrait se demander si la force divine à laquelle on rend un culte est une force vraiment transcendante ou bien la simple idéalisation d'une réalité humaine. Si les Hébreux, dans le désert, avaient presque certainement la volonté d'adorer YAHVÉ, les cultes de Baal célébraient au contraire la force de la fécondité, la nature avec ses cycles reproducteurs de mort et de vie, la vie qui naît de la mort, le printemps qui naît de l'hiver. Les adorateurs de Baal exprimaient un sens religieux de révérence et de dépendance envers les grandes forces qui régissent le monde : l'amour, le sexe, la nature, la fertilité.

Il est donc difficile d'entrer totalement dans les méandres du cœur humain.

Quoi qu'il en soit, nous savons que l'Écriture s'oppose à toute attitude qui ressortit, aussi peu que ce soit, à l'idolâtrie. La Bible n'admet pas qu'on réduise la divinité à quelque chose d'humain et de tangible, même s'il s'agit d'un symbole ou d'une allusion à une vérité plus haute.

Certains s'étonneront de la rigidité de l'Écriture sacrée. Si on pense, en effet, aux autres religions, il pourrait sembler légitime d'exprimer une certaine ferveur religieuse à travers des objets, dès lors qu'il s'agit d'une tentative d'affirmer un Être suprême à adorer. Comment se fait-il donc que l'idolâtrie soit rejetée, y compris dans ses formes spirituelles les plus hautes ?

Nous trouvons, à mon avis, la raison dans la définition que le prophète Elie donne de lui-même : « Par la vie du Seigneur, Dieu d'Israël, que je sers » (*I Rois* 17, 1) « Par la vie du Seigneur », *Vivit Dominus*, selon la version latine. Voilà la clef permettant de comprendre la lutte d'Elie contre les idoles et la lutte de la Bible contre tout ce qui apparaît idôlatrie. YAHVÉ est un *Dieu* ***vivant***.

Dans le contexte qui nous intéresse, Dieu est imprévisible, son action à notre égard est libre et souveraine, et nous ne pouvons jamais calculer quoi que ce soit à l'avance. Voilà l'énorme différence entre la conception du vrai Dieu et toute autre forme de religiosité. L'idole n'est pas encore le Dieu imprévisible, le Dieu vivant même si, grâce à elle, on pense personnifier et vénérer la justice, la vérité, la sainteté. D'une manière ou d'une autre, l'idole est toujours contrôlée, tenue en main par l'homme, lequel peut en prévoir les exigences dès lors qu'il dispose de sa propre idée de la justice, de la sainteté et de la vérité.

À l'inverse, YAHVÉ est libre. Il se met pas à la disposition de sa créature, ne se laisse pas abuser par nos raisonnements ou nos prévisions. Nous ne savons comment Dieu se comportera parce que c'est une personnalité vivante et transcendante. Tout dépend de lui et il n'a de compte à rendre à personne. Au contraire, comme je le disais précédemment, une valeur humaine personnifiée me rend compte du concept que j'ai d'elle et je peux, si je le désire, l'exorciser. Tandis que YAHVÉ agit comme il souhaite ; il se rend présent comme il le veut et où il le veut ; il n'est pas un principe abstrait mais aime, suscite et détruit ; il récompense et châtie, élève et abaisse ; lui seul sait pourquoi.

Il est le Dieu vivant et c'est la raison pour laquelle la Bible n'admet pas qu'on puisse le ramener à une représentation, à un concept ou à une définition. Il a dit à Moïse : « Je suis qui Je suis » (*Exode* 3, 14). C'est dire qu'il se rend présent où et quand il veut, qu'il agit où et quand il veut, qu'il aime l'homme parce qu'il veut l'aimer et le sauve de la manière qu'il a, seul, décidé.

Au fond, le nom d'Elie est la synthèse de ce que nous sommes en train de dire : « Mon Dieu est YAHVÉ. » Mon Dieu, je ne l'ai pas imaginé moi-même, je ne me le suis pas construit, fût-ce avec ma raison, ma philosophie, ma conceptualisation. YAHVÉ est lui, l'imprévisible, le Dieu qui m'implique et m'attire.

De nos jours, il existe de nombreuses formes de superstition qui rappellent celles du passé. De nombreuses personnes ont recours à des talismans, à des amulettes, à la divination, aux cartes, aux horoscopes. Nous pouvons néanmoins affirmer que, dans notre monde occidental, l'idolâtrie n'a rien à voir avec celle des Anciens.

Bien des gens affichent une idée certaine d'un Être supérieur et les athées convaincus, rationnels ne sont pas aussi nombreux qu'on pourrait le croire. Même les statistiques religieuses attestent que des personnes non croyantes dans le Dieu de l'Église catholique sont préoccupées par l'au-delà.

Peu d'individus peut-être, y compris parmi les baptisés, sont parvenus à la connaissance du Dieu vivant, telle que nous la présente l'Écriture et telle que nous la présente Jésus. Un Dieu qui n'est pas fait comme je l'imagine, qui ne dépend pas de ce que j'attends de lui, qui peut donc bouleverser mes attentes, précisément parce qu'il est vivant.

Nous ne possédons pas toujours la juste idée de Dieu. Une nouvelle preuve en est que, parfois, nous sommes déçus : je m'attendais à cela, je m'imaginais que Dieu se serait comporté comme ceci et je me suis trompé. De cette façon, nous empruntons à nouveau le sentier de l'idolâtrie, en voulant que le Seigneur agisse selon l'image que nous nous sommes faite de lui.

C'est uniquement dans la révélation de l'Écriture, qui a son apogée en Jésus, que nous pouvons connaître le Dieu vivant, Celui que ne nous révèle ni la chair, ni le sang, ni les raisonnements, ni les habitudes, ni les déductions de notre esprit. Bien entendu, nous parvenons à dire qu'il y a quelqu'un au-delà de nous, au-delà de tout. Mais nous ne le considérons jamais suffisamment supérieur à ce que nous sommes, au point qu'il ne puisse nous « décevoir » et nous surprendre. Instinctivement, nous le ramenons à notre mesure. L'adoration du Dieu vivant, zélée, infatigable, ardente jusqu'à la cruauté, est celle d'Elie pour le Dieu à qui personne ne peut rien dire, qui est au-delà de toute image et de notre pensée, qui se révèle par amour et avec amour, qui bouleverse toujours et encore les idées humaines. L'Évangile entier est une expression du labeur effectué par les hommes, à commencer par les apôtres, pour accepter le Dieu de Jésus, dans la mesure où ils l'avaient imaginé autre. Et quand le Dieu de Jésus annonce qu'il se révèlera à travers la croix, ils se scandalisent, s'apercevant qu'il n'est pas le Dieu qu'ils pensaient.

Quelles idoles nous interdisent la connaissance du Dieu vivant ? Elles sont nombreuses, personnelles et sociales.

Personnelles, ce sont l'orgueil, l'ambition, toutes les prétentions que je véhicule en moi.

Sociales, elles s'avèrent extérieures à moi, mais ne m'en interdisent pas moins la connaissance du Dieu vivant : *les idoles tribales, les idoles de l'opinion, les idoles culturelles*. Dans le langage moderne, ce sont la race, la culture d'une population, qui représente pour partie une valeur et peut, pour partie, emprisonner la mentalité des hommes en les montant les uns contre les autres. C'est aussi la peur de ce que pensent les gens et la peur de l'opinion publique, la peur de s'en tenir seulement à ce qui constitue une pensée commune moyenne. Quant aux *idoles culturelles* elles se trouvent formées de tout ce qui me rend esclave des attentes d'autrui. Il s'agit-là de petites idoles, à la manière de celles que les femmes des patriarches emportaient cachées avec elles, pour ne pas perdre complètement leur rapport au passé. Les petites idoles sont les attaches aux opinions et aux habitudes des autres, aux fausses habitudes de la culture, tout ce qui m'ôte finalement la liberté et la pureté du cœur.

L'*idolâtrie dans le Nouveau Testament* ne désigne pas nécessairement l'adoration des idoles. Il s'agit plutôt de l'adoration du succès, du plaisir de l'argent, du pouvoir à tout prix. Les grandes villes modernes sont régies par ces « dieux ». C'est une attitude calculatrice qui pousse à l'abandon de Dieu. Refuser Dieu comme Seigneur c'est faire du pouvoir politique, de la société mondaine, de la richesse, les seigneurs de notre vie.

C'est d'une semblable idôlatrie que naît l'*inhumanité*, l'incapacité à s'émouvoir des souffrances de l'autre, la manipulation de l'autre, l'oppression et l'avilissement des pauvres. Pensons à la façon puissante dont les gens s'indignent face à la violence, à l'oppression, à l'injustice. Même les laïques s'accordent à reconnaître l'empreinte du péché dans l'inhumanité. Souvent, la ville sécularisée ne perçoit pas que le mépris du frère, la haine de l'autre ont pour racine l'idolâtrie, à savoir l'adoration de soi, de son propre projet, de l'argent et du succès.

On ne pourra jamais mettre un terme à l'oppression et aux souffrances de millions et de millions d'individus, sans comprendre que la course à l'autonomie, au plaisir effréné, à la drogue, à la richesse, à la carrière, au pouvoir, sont pervers. Sans s'apercevoir que tout cela engendre une terrible inhumanité.

Aujourd'hui apparaît un élément nouveau de l'histoire humaine.

La liberté est une valeur absolument exigée par la dignité de la personne. La suprême dignité de l'individu réside dans son *être* et dans sa vocation inéliminable. Elle naît d'une intervention spéciale de Dieu, cause première et principale de l'être de l'homme. Elle se manifeste en participant, de façons diverses et mystérieuses, à la souveraineté du Créateur sur les choses. Elle s'exprime dans notre capacité de relation, d'amour avec Dieu et avec les autres. Et c'est dans la liberté que l'homme peut se tourner vers le bien.

Mais jusqu'où la liberté innée de l'être humain peut-elle parvenir, jusqu'à quel point peut-elle s'exprimer ?

Liberté des conditionnements naturels et biologiques, liberté des lois et des coutumes : **l'élément nouveau de l'histoire humaine est la *croissance incommensurable du sentiment de liberté*.** Jamais l'homme n'a possédé autant de liberté, jamais il n'a été si émancipé et détaché de formes qui semblaient évidentes, obligatoires, prévues, logiques. Les normes, les règles, les traditions, les conventions de référence se révèlent actuellement une valeur relative, non un absolu. Elles valent dans la mesure où elles sont négociables en vertu d'un bénéfice, d'un épanouissement, d'un but ; tout est négociable et discutable, tout peut être choisi, dès l'instant qu'il existe une raison contingente.

En retour, l'accroissement tumultueux du sentiment tyrannique de la liberté captive, par le truchement de messages surtout véhiculés par la télévision, les enfants, les jeunes, les gens simples des pays et des endroits les plus lointains. Ces derniers s'en trouvent portés à croire que l'impossible d'aujourd'hui deviendra possible demain. Nous devons, par conséquent, constater que la liberté n'aura jamais été à ce point manipulée. Les grands instruments du consensus social l'endorment et la guident, grâce aux ressorts de la technique appliquée au contrôle de la vie des personnes, grâce aux moyens informatiques qui permettent de suivre les personnes jusque dans les actes les plus simples de la sphère privée. Un tel contrôle montre combien la liberté à laquelle l'homme est parvenu ne fut jamais si grande ni si fragile à la fois.

D'une certaine façon, nous pouvons en percevoir les répercussions, retrouver l'aboutissement de ces rapports harmonieux brisés – de l'homme avec Dieu, avec ses frères, avec la terre – dans les récits de la Genèse que nous avons déjà abordés.

L'idolâtrie concerne aujourd'hui toute séparation arbitraire entre liberté et vérité, dans le but de construire des idéaux absolus (soit dans la ligne de la liberté, soit dans celle de la vérité) auxquels est sacrifié l'équilibre délicat de l'existence créée. Les appels éthiques ne suffisent pas à stopper les expérimentations dans le domaine génétique ou encore les pressions qu'exercent de nombreuses personnes en faveur de la liberté juridique de supprimer des vies, de la phase de la conception jusqu'à l'euthanasie ou mort douce. Nous nous trouvons devant des perspectives inquiétantes, qu'il convient d'affronter avec des réponses pertinentes et globales, en démasquant les idolâtries naissantes et en laissant émerger ces instances de vérité et de responsabilité auxquelles il est besoin de faire appel.

Il devient donc urgent et nécessaire de prendre conscience de la fascination mensongère qu'exerce le culte souverain de la liberté comme fin en elle-même, cette idole primaire de notre époque. Seule l'annonce de l'Évangile va droit au cœur de la liberté et la restitue dans sa vérité et sa plénitude.

Jésus face au mal du monde

– « Quand il fut plus près encore, Jésus contempla Jérusalem et pleura sur elle en disant : "Si toi aussi, au moins en ce jour, tu comprenais le message de paix ! Mais non, cela est caché à tes yeux. Des jours viendront sur toi, où tes ennemis t'encercleront de tous côtés ; ils te détruiront, toi et tes enfants en ton sein ; ils ne laisseront pas de toi pierre sur pierre, parce que tu n'as pas su reconnaître le temps où tu as été visitée » (*Luc* 19, 41-44).

– Un second passage de Luc rapporte des paroles prononcées par Jésus, alors qu'il est en voyage vers la ville : « Jérusalem, Jérusalem, qui tues les prophètes et lapides ceux qui te sont envoyés, que de fois j'ai voulu rassembler tes enfants, comme une poule rassemble sa couvée sous ses ailes, et vous ne l'avez pas voulu ! Votre demeure vous sera laissée, mais je vous déclare que dorénavant vous ne me reverrez plus jusqu'au jour où vous direz : Béni soit celui qui vient au nom du Seigneur ! » (*Luc* 13, 34-35).

Ces deux textes sont étroitement liés. On y parle de

Jérusalem et ce qui est clairement exprimé dans l'un, avec l'expression « le message de paix », est dit métaphoriquement dans l'autre : « Que de fois j'ai voulu rassembler tes enfants, comme la poule rassemble sa couvée sous ses ailes. » Le cantique de Moïse contenait déjà une image semblable : comme un aigle qui plane au-dessus de ses petits, ainsi le Seigneur protégea son peuple (*cf. Deutéronome* 32, 10 et suiv.).

Ces textes sont même liés par une mise en évidence, négative, dramatique. « Mais non, cela est caché à tes yeux », dit Jésus à Jérusalem. « Vous n'avez pas voulu vous laisser recueillir sous les ailes », affirme-t-il durant son trajet vers la ville.

Nous remarquons également cette relation dans la prophétie identique faite d'une ruine de la ville, exprimée plus plastiquement au chapitre 19 – les ennemis, les tranchées, l'abattement de Jésus et de ses enfants, du fait qu'il ne reste plus pierre sur pierre –, et de manière mystérieuse au chapitre 13 : « Vous ne me reverrez plus jusqu'au jour où vous direz : Béni soit celui qui vient au nom du Seigneur ! »

Enfin, les deux passages traduisent une cohérence dans la mesure où le « Vous ne me reverrez plus jusqu'au jour où vous direz... », se vérifie en partie juste au moment où Jésus, au chapitre 19, est en train de pleurer et que la foule crie : « Béni soit le roi qui vient au nom du Seigneur » (*cf.* verset 38).

– D'autres passages du Nouveau Testament peuvent encore être remémorés. La menace de Jésus au sujet de Jérusalem revient, par exemple, au chapitre 21 de *Luc*, où nous lisons : « Des jours viendront où, de tout ce que vous voyez là, il ne restera pas pierre sur pierre qui ne soit renversée [...] Mais quand vous verrez Jérusalem investie par des armées, sachez alors que sa ruine approche... Jérusalem sera piétinée par les païens, jusqu'à ce que soit accomplie l'époque des nations païennes » (*Luc* 21, 6. 20. 24). Nous savons qu'il s'agit ici d'une histoire dramatique, et non de littérature.

La plainte de Jésus revient au chapitre 23, alors qu'il monte au Calvaire et que quelques femmes pleurent sur lui : « Filles de Jérusalem, dit-il, ne pleurez pas sur moi ; pleurez sur vous et vos enfants. Car voici venir des jours où l'on dira : Heureuses les stériles, heureuses les entrailles qui n'ont point enfanté, heureuses les mamelles qui n'ont point allaité ! » (*Luc* 23, 28 et suiv.).

Nous voyons donc que le thème du danger rapporté à la ville, du lien entre le refus de cette dernière d'accepter la visite et sa dévastation, revient souvent dans l'Évangile. La répétition montre l'importance attribuée par Jésus, par les évangélistes, par l'Église primitive, à l'honnête jugement sur les faits sociaux et politiques, au rapport de ces faits avec des attitudes religieuses et à la compréhension des conséquences, souvent tragiques, du manque de réponse de la ville à l'appel de paix .

Les pleurs de Jésus ne sont pas une attitude habituelle, quotidienne, comme ne le sont généralement pas les pleurs d'un adulte.

Une autre fois seulement, au chapitre 11 de l'Évangile selon Jean, il est dit que Jésus a pleuré, à propos de Lazare, l'ami mort. Toutefois, dans le texte grec le verbe n'est pas celui que nous trouvons chez Luc mais signifie, au sens propre : « Il versa des larmes. »

Dans le chapitre 19 de *Luc*, Jésus « éclate en larmes » ; il pleure à chaudes larmes, comme Marie Madeleine qui, se trouvant face au sépulcre vide, éclate en sanglots ; et tout comme Pierre qui, s'apercevant qu'il a renié trois fois le Seigneur, fond en larmes.

Les larmes de Jésus sont prophétiques, semblables aux cris que les prophètes anciens lancèrent au temps de la première destruction de Jérusalem, au long silence d'Ezéchiel ou aux pleurs du voyant de l'*Apocalypse*.

Les pleurs de Jésus ne sont pas un acte qui se réfère simplement à sa psychologie, mais il pressent la manifestation d'un mystère de Dieu. L'acte est public, Jésus pleurant sur la ville. Il est, à cet égard, nécessaire de comprendre ce qu'incarne Jérusalem pour un juif. Elle est **la** ville sainte, désirée de loin dans les pèlerinages, érigée sur le mont, à la construction solide et compacte. La ville où les réfugiés parviennent au terme de nombreuses épreuves.

Il nous vient immédiatement à l'esprit le très beau psaume 121-122 : « Quelle joie, lorsqu'on est venu me dire : "Nous allons monter à la maison du Seigneur." Voici que nos pas s'arrêtent devant tes portes, ô Jérusalem [...] C'est là que montent les tribus, les tribus du Seigneur [...] pour y célébrer le nom du Seigneur [...] »

Pour entrer dans l'esprit de Jésus, il nous faut tenter de comprendre cet ensemble de traditions, de cultures, d'histoire, d'affects, de révélations, que Jérusalem symbolise. Nous pourrions peut-être l'interroger en lui demandant : pourquoi pleures-tu, Seigneur ? Pleures-tu seulement à cause de la ruine religieuse de la ville, à cause des âmes des individus qui se perdent, ou à cause de la ville en tant que telle, sur ce corps vivant, organisé, qui a une histoire, un destin, un avenir, un espoir ? Pourquoi pleures-tu, Seigneur ? Serait-ce à cause des valeurs religieuses perdues, ou aussi des valeurs humaines qui font la ville, l'histoire, la gloire, le prestige, la mission de la ville ?

Je crois que Jésus en bon juif, nous répondrait qu'il a de la peine à distinguer les deux choses parce qu'elles sont imbriquées. Il n'y a pas de corps sans âme, il n'y a pas d'âme sans corps. Il n'existe pas de salut spirituel qui ne soit incarné dans une réalité historique, vécue, vivante. Le destin de l'individu est étroitement lié au destin du groupe.

Les pleurs de Jésus qui voit la ruine prochaine de

Jérusalem, concernent l'ensemble des valeurs qui, naturellement, culmine dans le Temple, mais se traduit aussi par une organisation globale (civile, sociale, culturelle, politique et artistique). C'est tellement vrai que sont incertains les commentaires de 3,35, la Parole corrélative de celle de *Luc* 19 : « Votre demeure vous sera laissée. » Certains pensent que la demeure est le Temple et se réfèrent à la vision d'Ezéchiel qui contemple la gloire de Dieu alors qu'il abandonne le Temple de Jérusalem (*cf. Ezéchiel* 11, 22-25). Mais il est clair que, si le Temple est abandonné, la ville dans son ensemble tombe, les deux réalités étant liées.

La paix de Jérusalem est associée à la foi de Jérusalem. Dans la mentalité juive, paix signifie bien-être, émancipation vis-à-vis des ennemis, sécurité, prospérité, amitié, roulement des tambours, processions, richesse des célébrations sacrées. La paix est un ensemble : contempler le visage de Dieu dans la terre des vivants, avancer les premiers vers la maison de Dieu (*cf. Psaumes* 42-43).

Jésus a vraiment souhaité la paix de la ville ; et il pleure parce qu'elle ne peut lui être accordée, parce qu'elle n'a pas connu la voie de la paix : « Si toi aussi, au moins en ce jour, tu comprenais le message de paix ! » (*Luc* 19, 42). On suppose évidemment ici un rapport entre l'accueil de la parole du Seigneur et la paix de la ville, ce qui se trouve plus clairement exprimé dans cet autre passage : « Que de fois j'ai voulu rassembler tes enfants, comme une poule rassemble sa couvée sous ses ailes » (*Luc* 13, 34). Il nous semble deviner un projet messianique de Jésus, qui a même une valeur sociale et, d'une certaine manière, politique. Il ne nourrit certainement pas le projet de renverser les autorités légitimes, de s'y substituer, mais de susciter un rassemblement des peuples sous le signe de la douceur, de la non-violence, de l'amour mutuel, afin que se réalise une nouvelle conception de la vie commune, une nouvelle façon d'habiter la ville.

Pour la Bible, le projet « messianique » a toujours une valeur socio-politique et exprime ces attitudes nouvelles d'un peuple pour lequel la charrue et la faux prendraient la place de l'épée, où l'enfant pourrait jouer avec la vipère, l'ours paître avec les bœufs, le lion avec la brebis (*cf. Isaïe 2,4 ; 11, 6-8*). Il s'agit d'un idéal concret, non utopique, celui d'une création et d'une humanité pacifiques, même s'il devient de fait un idéal en conflit avec l'ordre existant lorsqu'il n'est pas accueilli : « Si toi aussi, au moins en ce jour, tu comprenais le message de paix ! Mais non, cela est caché à tes yeux. Des jours viendront sur toi, où tes ennemis t'encercleront de tranchées [...] »

Le refus des béatitudes de la paix et de la douceur conduit à la conséquence inverse : ne pas se laisser « recueillir » selon le grand dessein qui parcourt tout l'Ancien Testament, selon l'attention que Dieu porte à son peuple.

Jésus n'abandonne cependant pas cet idéal ; il n'abandonne pas la ville et y entre au contraire pour mourir. Il sait que c'est au prix de sa vie, du témoignage de son amour désarmé – refusé par la ville – qu'il atteindra la victoire, même si le fruit de sa victoire n'en sera pas récolté par tous.

Il est surtout important de souligner que Jésus nous sauve, nous fait sortir du mal, non en nous en protégeant, mais en nous apprenant à y entrer avec lui pour en extraire le bien. Sans doute faut-il une existence entière pour apprendre ce mystère chrétien fondamental. Car il est totalement au-delà de notre façon coutumière de penser, laquelle voudrait éliminer le mal une fois pour toutes, en venir à bout comme on triomphe des ennemis lors d'une bataille.

L'Église primitive avait profondément compris ce mystère. Elle l'avait déjà expérimenté en soi et c'est pourquoi elle pouvait chanter des hymnes à la gloire de Dieu, exprimant ce qu'elle vivait.

À partir du moment où « Il nous a sauvés », je peux entrer dans le mal du monde et en sortir avec la liberté, avec la joie, avec la certitude que ce mal a été vaincu, au moins en moi et, peut-être, dans l'Église. L'Église n'est pas une société où la victoire sur le mal est déjà obtenue ; elle est la communauté de ceux qui ont accepté d'entrer dans la mort avec le Christ afin d'en sortir dans sa résurrection.

Les premiers chrétiens ont vu que Jésus n'a pas changé le sort du monde. Il est mort lui-même, il est ressuscité, il a vaincu le mal avec le bien.

D'où le merveilleux hymne de saint Paul dans la *Lettre aux Philippiens* :

« Ayez en vous les sentiments qui furent dans le Christ-Jésus. Quoiqu'il fût de condition divine, il ne s'est pas prévalu de son égalité avec Dieu ; mais il s'est anéanti lui-même en prenant la condition d'esclave et se faisant pareil aux hommes. Et quand il eut revêtu l'aspect d'un homme, il s'est encore abaissé lui-même en se rendant obéissant jusqu'à la mort, la mort de la croix. Aussi, Dieu l'a-t-il souverainement exalté et lui a-t-il conféré le nom qui est au-dessus de tout nom, afin qu'au nom de Jésus tout genou fléchisse, au ciel, sur la terre et dans les enfers, et que toute langue professe, à la gloire de Dieu le Père, que Jésus Christ est Seigneur » (*Ph.* 2, 5-11).

La contemplation de la gloire de Jésus dans sa mort et sa résurrection est la seule qui nous donne une vision concrète de la réalité. Elle nous enseigne que le mal existe, qu'il est inutile de feindre l'ignorer, mais que la vraie liberté chrétienne est appelée à lutter contre lui, dans et avec Jésus, pour en extraire le bien en vivant l'esprit des Béatitudes évangéliques et le mystère de la Croix.

4. Réconciliation et conversion

Vers la conversion du cœur : le psaume « Miserere » (50)

La reconnaissance de notre péché marque le début de la conversion intérieure. La vie intérieure, endroit privilégié pour l'homme dans le cheminement vers la vérité, est la capacité de rentrer en soi-même, de comprendre le sens des actions accomplies et que l'on accomplit, parce que c'est dans la conscience seule que l'on peut soupeser et juger.

L'expérience atteste qu'il existe un rapport indissociable entre la conversion du cœur et la réconciliation sociale et politique. Sans conversion du cœur, entre les hommes, les peuples et les nations, il ne peut y avoir de réconciliation sociale et politique vraie, durable et stable. Tout comme il ne peut y avoir conversion du cœur sans une irradiation, une résonance dans la réconciliation sociale et politique.

Le thème est particulièrement important. Pour le comprendre, il est très utile de réfléchir sur le psaume 50 (ou 51 selon l'énumération hébraïque), qui commence avec l'invocation « Miserere », Aie pitié. Le psaume est d'une richesse inépuisable et il traverse l'histoire de l'Église et de la spiritualité. Il constitue l'ossature des *Confessions* de saint Augustin ; il a été aimé, médité, contemplé par Grégoire le Grand ; il est devenu signe d'une ardente défense de l'image de Dieu dans les sermons enflammés de Savonarole et devise d'espoir des soldats de Jeanne d'Arc ; il a été étudié intensément par Martin Luther, qui lui a consacré des pages inoubliables ; il est le miroir de la conscience secrète des personnages de Dostoïevski, ainsi qu'une clef de lecture de ses romans.

Le « Miserere » est le psaume des grands hommes de Dieu. Des musiciens comme Bach, Mozart, Donizetti et d'autres, plus proches de notre époque, l'ont repensé en musique. D'illustres peintres l'ont décrit dans de merveilleuses gravures.

Il est surtout le psaume qui accompagna les larmes, les souffrances de tant d'hommes et de femmes qui y trouvèrent réconfort et clarté dans les moments obscurs ou pesants de leur vie. Il appartient à l'histoire de l'humanité, et non pas seulement à celle de l'Orient juif et de la civilisation occidentale chrétienne. En le méditant, nous entrons dans le cœur de l'homme et dans le cœur de l'histoire de l'humanité.

« Aie pitié de moi, ô Dieu, en ta bonté,
en ta grande miséricorde, efface mon forfait.
Lave-moi davantage de ma faute,
et purifie-moi de mon péché.

Je reconnais mon crime,
et ma faute est sans cesse présente à mes yeux.
C'est contre toi seul que j'ai péché,
que j'ai commis ce qui est mal à tes yeux.
Ainsi tu es juste dans ta sentence,
et tu es équitable dans ton jugement.
Voici : je suis né dans la faute,
c'est dans le péché que ma mère m'a conçu.
Et pourtant tu aimes la droiture de mon cœur ;
tu m'enseignes la sagesse au plus intime de moi-même.
Asperge-moi avec un rameau d'hysope, et je serai net ;
lave-moi, et je serai plus blanc que la neige.
Fais-moi entendre une parole de joie et d'allégresse
pour que tressaillent les os que tu as broyés.
Détourne les regards de mes péchés,
efface toutes mes fautes.

Crée en moi un cœur pur, ô mon Dieu,
et renouvelle en moi un esprit ferme.
Ne me rejette pas loin de ta face,
et ne me prive pas de ton esprit de sainteté.
Rends-moi la joie de ton salut,
et donne-moi le soutien d'un esprit généreux.

Alors à ceux qui font le mal j'enseignerai tes voies,
et les pécheurs reviendront vers toi.
Mon Dieu, délivre-moi du sang versé, ô Dieu, mon sauveur ;
et ma langue exaltera ta justice.
Seigneur, ouvre mes lèvres,
et ma bouche annoncera tes louanges.
Tu ne prends pas plaisir aux sacrifices rituels ;
si j'offrais un holocauste, il ne te serait pas agréable.
Mon sacrifice, Seigneur, c'est un esprit brisé ;
un cœur contrit et humilié, ô Dieu, tu ne le méprises pas.

Dans ta bonté, traite Sion avec bienveillance,
rebâtis les murailles de Jérusalem.
Alors tu agréeras les justes sacrifices, les oblations, les holocaustes ;
alors on offrira des victimes sur ton autel. »

La *première partie* du psaume est la *reconnaissance* d'une situation. Les verbes sont tous à l'indicatif et exposent, soulignent des faits : je reconnais ma faute ; contre toi j'ai péché ; tu es juste quand tu parles ; tu m'enseignes la sagesse au plus intime de moi-même.

La *deuxième partie* (« Asperge-moi avec un rameau d'hysope... ») exprime la *supplication*. Le passage change de ton et presque tous les verbes sont à l'impératif : asperge-moi ; lave-moi ; fais-moi entendre une parole de joie ; détourne les regards ; efface ; crée en moi ; ne me rejette pas ; ne me prive pas ; rends-moi la joie ; donne-moi le soutien.

La *troisième partie* (« Alors à ceux qui font le mal j'enseignerai... ») est le ***projet pour l'avenir*** et les verbes sont au futur : j'enseignerai ; ma langue exaltera ; tu agréeras.

Le point de départ

Les premiers versets nous introduisent avec ces mots : « Aie pitié de moi, ô Dieu, en ta bonté, en ta grande miséricorde ; efface mon forfait. Lave-moi davantage ma faute, et purifie-moi de mon péché. »

L'origine du chemin de conversion du cœur est donc l'initiative divine de la miséricorde : Dieu est toujours le premier à tendre la main, le plateau de la balance penche toujours du côté de sa bonté.

Les termes que la traduction française emploie pour indiquer ce que l'homme a fait – péché, fautes – ne rendent pas convenablement le sens original. Le texte hébraïque contient en fait trois mots qui devraient être ainsi lus : « Efface ma ***rébellion***, lave-moi de toute ma ***dissonance***, purifie-moi, tire-moi hors de tout ***égarement***. » Autant de mots déjà employés pour expliquer en quoi consistaient les erreurs relatées dans le livre de la Genèse. Le péché est une erreur fondamentale de l'homme, une distorsion, un désaccord, une rébellion, une volonté de projet autre que celui de Dieu.

Aux termes indiquant la dispersion de l'homme, sont comparées les trois appellations divines : « Pitié [...] miséricorde [...] amour. » Il y a le péché de l'homme – même s'il est décliné en termes différents – et il y a trois attributs de Dieu. L'insistance ne porte donc pas sur l'homme pécheur, sur la pauvreté de ce que nous sommes tous, mais sur l'infinité de Dieu.

« Aie pitié de moi, ô Dieu » est exprimé plus simplement en hébreu : « Grâce, fais-moi grâce, ô Dieu. » On demande à Dieu qu'il soit grâce pour nous, qu'il s'intéresse à celui qui se sent mal, se trouve en difficulté. Il s'agit de l'expérience de Marie de Nazareth qui chante : « Parce qu'il a jeté les yeux sur la pauvreté de sa servante. Car voici que désormais toutes les générations me proclameront bienheureuse » (*cf. Luc* 1, 48).

Dieu est l'essence de la gratuité et, si nous disons qu'Il ne peut avoir aucun intérêt à penser à nous, à s'occuper de nous, nous révélons que nous en avons une idée fausse. Dieu jouit de pouvoir donner quelque chose à celui qui a besoin d'être soutenu, à celui qui croit ne pas exister, qui se sent abaissé. Il veut déposer sa valeur en nous et ne juge pas la nôtre.

« En ta bonté. » Il est intéressant d'observer que l'expression est justement : *selon* ta miséricorde, et non « dans ta miséricorde » ou « parce que tu es miséricordieux ». Le psalmiste marque l'étendue infinie de la miséricorde divine, que l'homme devine sans comprendre. En hébreu, le terme est ***hésed***, et il a une histoire longue et riche de signification : il décrit l'attitude typique de Dieu envers son peuple, qui signifie loyauté, affabilité, fidélité, bonté, tendresse, constance dans l'attention et dans l'amour. On pourrait traduire avec « gentillesse », au sens de tendresse qui ne s'atténue pas, qui ne disparaît jamais. Nous, nous traduisons ***hésed*** par « miséricorde » puisque la gentillesse de Dieu se fait plus tendre quand nous sommes faibles, fragiles, pécheurs, inconstants. Et peut-être pensons-nous que Dieu a raison de ne pas se souvenir de nous.

« En ta grande miséricorde. » En hébreu, on dit ***rahammìm***, c'est-à-dire « le cœur, les viscères ». Un mot profondément maternel, désignant la capacité de porter quelqu'un en soi, de s'identifier à une situation au point de la vivre dans sa chair. Cet attribut de Dieu peut être, pour partie, compris par celui qui a aimé une autre créature d'un amour total, viscéral, entraînant, passionné. Nous pourrions presque traduire : « Selon ta grande passion pour l'homme, aie de la miséricorde, ô Dieu. »

Les trois attributs de Dieu nous donnent le ton du psaume 50, hymne pour rencontrer Dieu tel qu'il est, invitation à avoir une idée juste du visage de Dieu.

La reconnaissance d'une situation

« Je reconnais mon crime, et ma faute est sans cesse présente à mes yeux. C'est contre toi seul que j'ai péché, que j'ai commis ce qui est mal à tes yeux [...] Voici : je suis né dans la faute, c'est dans le péché que ma mère m'a conçu. Et pourtant tu aimes la droiture du cœur ; tu m'enseignes la sagesse au plus intime de moi-même. »

Après les trois attributs de Dieu, arrêtons-nous sur les *trois* sujets qui nous sont présentés en action.

Celui qui apparaît le plus fréquemment concerne la même personne : le *je*. Je reconnais la faute, j'ai péché contre toi, j'ai commis le mal.

Un autre sujet, à la troisième personne cette fois, est le péché. Le péché et la réalité du péché où l'homme se sent inclus : dans le péché j'ai été engendré, dans la faute ma mère m'a conçu.

Troisième sujet de l'action, celui qui est déterminant, qui est la clé pour comprendre toute la signification du passage : le *Tu*.

Il y a donc le *je* qui reconnaît, qui induit une détermination générale de la situation de faute ; il y a le *Tu* qui est le point focal : Tu veux la sincérité du cœur. Tu m'enseignes la sagesse au plus intime de moi-même.

Dans le texte hébreu, l'expression « Tu aimes la droiture du cœur » est plus difficile : « Tu aimes la vérité dans ce qui est obscur. » C'est-à-dire Tu aimes la vérité, qui est la lumière, même là où l'homme est perdu dans les méandres de sa conscience.

« Tu m'enseignes la sagesse au plus intime de moi-même. » La sagesse est une des réalités les plus hautes et les plus profondes de l'Ancien Testament. Elle est ordre, proportion, luminosité, chaleur créative, projet divin de salut.

Elle est la clé de la première partie du psaume : Dieu, dans son initiative d'amour et de miséricorde, projette la lumière de son projet dans l'obscurité de ma psyché, au plus profond de ma conscience. Ce faisant, il me conduit à découvrir la vérité de moi-même, il me donne du souffle, il m'aide à me comparer à ce que je suis appelé à être, à ce que j'aurais dû être, à ce que je peux être par sa grâce.

La vérité et la sagesse de Dieu sont la lumière authentique, bénéfique, amicale qui, entrant dans les plis de l'âme où moi-même j'ignore ce qui se passe, m'instruit et me pousse à la sincérité et à l'authenticité de ce que je suis vraiment.

Si nous avons perçu, aussi peu que ce soit, la force de ces mots, nous pouvons mieux lire ceux qui les précèdent : « C'est contre Toi seul que j'ai péché. » J'ai fait ce qui ne va pas devant toi.

À première vue, cette expression paraît étrange. Surtout, si nous la mettons en relation avec celui qui, historiquement, est considéré comme la figure emblématique de l'événement relaté dans le psaume : David et son péché. Nous sommes loin du seul péché envers Dieu ! David a péché contre un frère, un ami ; il l'a fait mourir de façon déloyale, il lui a pris sa femme ; il est donc meurtrier et traître.

On insiste pourtant sur le lien qui s'est instauré avec Dieu à travers ces actions. Peut-être souhaite-t-on, ce faisant, souligner un aspect l'histoire de David. Personne n'était, en effet, au courant de son péché, ses mensonges lui ayant si bien profité que seul le prophète Nathan le lui reprochait.

Lorsque ses intrigues sont dévoilées, David est alors confronté à la terrible vérité de sa conscience.

En péchant par trahison, infidélité et adultère contre l'ami, il s'est opposé à Dieu et à tous ceux que Dieu défend.

Rappelons que le roi David était un homme profondément bon, incapable de souhaiter malheur à ses ennemis. Il était si profondément ***loyal*** que sa probité et sa loyauté sont restées légendaires dans l'histoire d'Israël. Lors de sa rencontre avec Bethsabée, la femme d'Urie, il était un homme mûr ne manquant pas d'expériences affectives. À cette étape de sa vie, il avait déjà obtenu ce qu'il souhaitait et connaissait ses limites autant que la faiblesse humaine. Mais c'est ce héros qui, par l'entremise de petits faits insignifiants, devient ***déloyal, infidèle, traître***. Dans le deuxième Livre de Samuel, un des chefs-d'œuvre de la littérature, nous lisons à la fin du chapitre 11 :

« Mais la conduite de David avait déplu au Seigneur » (verset 27). Dieu charge alors le prophète Nathan de se rendre chez David et de lui raconter la parabole de deux hommes, l'un riche et l'autre pauvre. Celle-ci reconstruit peu à peu la vérité chez David et il confesse : « J'ai péché contre le Seigneur. »

« C'est contre toi seul que j'ai péché. » Cette expression est fort semblable à celle de la parabole évangélique de l'enfant prodigue : « Mon père, j'ai péché contre le ciel et contre toi. » Tout ce que le fils a fait regarde tant d'autres choses : sa vie dissolue, le gaspillage dont il est responsable, ses erreurs, les abus qu'il a commis, les délits qu'il a commis. Ce qui se résume pourtant à travers son rapport au Père, à travers son rapport avec Dieu (*cf. Luc* 15, 11-32).

Instruit par Dieu, l'homme entre dans les profondeurs de sa vérité. Par le dialogue, il reconnaît que son erreur, si petite ou grande soit-elle, a altéré son rapport à Dieu, par elle-même et du fait de ses conséquences.

Pour nous qui sommes habitués à souligner les aspects sociaux du péché, l'avertissement est d'importance. Le péché n'est pas seulement commis contre Dieu, il touche l'Église, désagrège la société, blesse la communauté. Il nous est ici rappelé que Dieu se trouve derrière tout homme, derrière toute personne que nous traitons mal, trompons ou déprécions. Nous nous opposons à Dieu chaque fois que nous repoussons le frère ou la sœur qui, à nos côtés, attendent un geste de charité ou de justice. Les problèmes de l'histoire, de l'éthique, de la justice, de la paix, les problèmes relatifs aux rapports familiaux, personnels ou sociaux sont au cœur du dialogue de l'homme avec Celui qui l'aime, le connaît et l'aide à se connaître dans sa vérité.

Relevons qu'il n'est pas dit : j'ai péché, je me suis trompé ; mais : « Contre *Toi* seul j'ai péché. » La personnalisation de la faute est un acte exprimant à la fois une profonde vérité et une extrême clarté. La confession de l'homme qui parle ainsi, qui se trouve éduqué à parler ainsi, ne ressemble en rien au sentiment déprimant et décourageant de la faute.

Nous sommes tous sujets à des moments de tristesse sans issue, de colère, d'indignation, de vengeance envers nous-mêmes. Il y a tant de souffrances inutiles engendrées par le sentiment de la culpabilité qui n'est pas vécu dans un dialogue avec Dieu, et elles ne peuvent nous rendre meilleurs.

Les paroles du psaume nous révèlent la différence entre l'examen de conscience, effectué en dialogue avec Dieu, et l'analyse de la faute, des faiblesses, des bassesses que chacun reconnaît en lui-même, qui aboutit à profondément déprimer l'esprit, générant lassitude et incapacité de lutter.

Dans ce psaume, écrit il y a plus de deux mille ans, nous percevons que l'homme a trouvé la bonne voie pour le repentir. La voie de la réconciliation avec Dieu et avec soi-même, celle de la reconnaissance de fautes très graves, qui s'exprime devant Celui qui change le cœur de l'homme. Nous remarquons également le caractère personnel, affectif, des mots : « Ce qui est mal à tes yeux. » À tes yeux, à ton amour qui m'a créé, fait, aimé, projeté.

Cette réalité est très différente de celle des prétendus « repentis » judiciaires ![5] Le repentir judiciaire peut certainement procurer des avantages humains en échange de la collaboration à laquelle il amène, mais il ne possède pas la force de purifier la conscience pour le sang versé. Le « repenti » devra encore dire : ma faute est sans cesse présente à mes yeux. À moins qu'il ne s'engage dans ce mystérieux processus de transformation du cœur humain qui rend l'homme totalement différent : « Crée en moi un cœur pur, ô mon Dieu. » Un processus qui est confié à la puissance de Dieu et qui permet une nouvelle existence.

La douleur des péchés

La douleur des péchés est exprimée dans le verset 6b : « Ainsi tu es juste dans ta sentence, et tu es équitable dans ton jugement. »

Le mot « douleur » peut évoquer en nous une sentiment de malaise et d'insatisfaction.

Pourtant, dans le domaine des expériences corporelles, la douleur est la plus inévitable, la plus évidente, la moins artificielle des sensations : je ressens une douleur dans mon corps, bien que je ne le veuille pas.

De même, les douleurs morales sont très réelles en nous : elles nous oppressent parfois au point de nous ôter le sommeil.

Qu'est-ce donc que la douleur des péchés qui paraît n'avoir pas grand-chose de commun avec la sensation, si vive et si présente, de la douleur physique ou morale ?

Je partirai de quelques réflexions générales.

Il y a des actes, plus ou moins graves, ***que toute personne voudrait n'avoir pas accompli***. Il y a des comportements, même peu voyants, qui ne correspondent pas à ce que toute personne voudrait être : ce sont des manières de faire, de penser, de répondre, d'agir.

Certaines fois, nous constatons qu'elles ne dépendent même pas de nous et qu'elles sont le fruit de précédentes habitudes, de surprise, de distraction. Elles n'en présentent pas moins des aspects dont, intimement, nous sentons qu'ils ne sont pas à vanter.

Cette capacité de jugement sur soi ***n'est pas encore la douleur des péchés, elle en représente les prémisses***. Je ne peux me repentir autrement de quelque chose qui est mien et ne va pas, que j'ai fait et que je n'approuve pas.

Le chemin de la purification chrétienne suppose capacité de jugement sur soi et dissociation de certains aspects de notre personnalité que nous n'approuvons pas.

S'en montrer capable est un signe de cheminement vers la liberté, un signe de maturité humaine et morale. Il faut se méfier d'une personne qui accuse toujours les autres et qui est satisfaite d'elle-même en tout. Si nous sommes portés à accuser les autres et à nous excuser, nous révélons que le premier pas vers le repentir chrétien reste à franchir.

Quand quelque chose ne va pas, nous avons beaucoup de mal à l'accepter et à nous l'imputer. Le repentir ne peut ainsi s'exprimer et nous n'avons pas le cœur d'admettre complètement que la faute est nôtre.

Plus fréquemment, le repentir est entravé parce que nous ne sommes pas du tout convaincus que ce que nous avons fait ne devait pas l'être. Peut-être, la tradition et la doctrine disent-elles que c'est erroné mais, intimement, nous sentons que ce n'est pas vrai. Dans ce cas, la douleur, le repentir deviennent pénibles, superficiels, artificiels.

Que devons-nous faire si nous nous apercevons que notre repentir ne se libère pas, qu'il est bloqué par ces motifs concernant le jugement préliminaire sur nous-mêmes ?

Le chemin à accomplir est le passage d'une appréciation hâtive de nous-mêmes à une évaluation plus réaliste et pondérée, à travers la réflexion et de la prière.

Revenons au verset 6b du psaume :

« Ainsi tu es juste dans ta sentence, et tu es équitable dans ton jugement. »

Spontanément, nous l'interprétons en assimilant Dieu à un juge ; nous imaginons deux parties opposées en procès et Dieu au milieu.

Les deux parties sont, dans le cas de l'allusion historique du psaume, David et Urie, le mari de Bethsabée tué traîtreusement sur l'ordre de David. Dieu est au centre, juge impartial qui donne tort à David et le condamne. Le roi accepte la condamnation et dit alors à Dieu : tu es juste quand tu juges.

Cette interprétation n'a pas de sens. Elle place Dieu en position d'arbitre qui condamne le pécheur à la mort, sans possibilité d'appel.

La réalité décrite dans le psaume est beaucoup plus profonde.

Dieu n'est pas un juge, il est la *partie lésée*. Lui, qui est le principe de toute fidélité et de tout amour, il a été mortellement lésé par David, il a été abusé. C'est pour ce motif qu'il réprimande David et que ce dernier accepte ses reproches, sachant que le jugement divin est juste et porteur de pardon.

Dieu, comme partie offensée, admoneste David parce qu'il veut sa vie et non sa mort : s'il a essayé d'assassiner Dieu, Dieu veut le sauver.

C'est justement à ce moment que s'enclenche le repentir biblique, la douleur de l'homme : l'homme se trouve face à Celui qu'il a lésé, dont il a repoussé la confiance et qui, de nouveau, lui tend la main droite de sa confiance.

Si nous demandons de quelle manière l'offense faite au prochain atteint et lèse Dieu, Lui-même donnera la réponse dans le livre de l'Exode, à travers la vision de la ronceraie ardente. Le Pharaon opprime les Hébreux et Dieu, apparaissant à Moïse, se constitue partie lésée. Il commence son action contre l'oppresseur avec ces paroles : « J'ai bien vu la détresse de mon peuple qui est en Égypte, et j'ai entendu les cris que lui font pousser ses oppresseurs. Oui, je connais ses souffrances. Je suis descendu pour le délivrer » (*Exode* 3, 7-8).

C'est l'Évangile de Matthieu qui nous répondra encore, dans la scène du jugement universel, lorsque Jésus se constitue en partie lésée partout où un affamé n'est pas nourri, où un prisonnier n'est pas visité. « Oui, je vous le déclare [...] c'est à moi-même que vous avez omis de le faire » (*cf. Matthieu* 25, 31-46).

Plus intensément encore, un passage de l'Évangile de Luc peut nous faire saisir l'expérience de la douleur du péché, que nous avons perçue dans les paroles de David.

Il relate l'épisode de Pierre qui, par trois fois, a nié connaître Jésus : « À l'instant, comme il parlait encore, le coq chanta ; et le Seigneur s'étant retourné, regarda Pierre. Et Pierre se souvint de la parole du Seigneur : « Avant que le coq chante aujourd'hui, tu m'auras trois fois renié. » Il sortit et pleura amèrement » (*Luc* 22, 54-62).

Pourquoi Pierre éclate-t-il en sanglots ?

Jusqu'à cet instant, il avait une certaine conscience, quoiqu'un peu brouillée, d'avoir fait quelque chose de mal, de s'être déshonoré, d'avoir trahi un ami.

C'est seulement lorsque Jésus le rencontre et le regarde qu'il éclate en larmes. À cet instant, il comprend une seule chose : j'ai renié cet homme et il va mourir pour moi !

L'incroyable trop-plein de confiance et d'attention pour qui a démérité, fait éclater le contraste.

La douleur chrétienne résulte de la perception de ce contraste. Elle voit le jour de la rencontre avec Celui qui, blessé en lui et dans son amour pour l'homme, offre un regard d'amitié en échange.

La révélation de la culpabilité du chrétien découle de la rencontre avec le Christ, avec sa Parole et avec sa Personne. Cette rencontre débloque la rigidité du jugement sur nous, jugement toujours incertain et gauche. Elle la dénoue en un vrai repentir, dans le chagrin intérieur d'avoir offensé le Christ dans sa personne ; dans le chagrin pour l'incorrection de notre rapport d'amitié, pour l'infraction au code d'honneur et de tendresse, pour l'inattention et le mépris envers un rapport précieux.

La réflexion sur certains versets du « Miserere » permet également de comprendre la deuxième partie du psaume, celui de la *supplication*, du cri qui monte du cœur, puis la troisième partie, qui décrit les *intentions*, le projet pour l'avenir.

La joie du sacrement de la Réconciliation

Pour s'avouer pécheurs devant Dieu et pour obtenir son pardon il est prévu, dans l'Église, le sacrement de la

Confession ou Réconciliation. La pratique de ce sacrement, qui pose tant problème à l'homme contemporain et aux chrétiens eux-mêmes, nous introduit dans un rapport personnel avec Dieu le Père, lequel comble de joie et ouvre en nous la force du pardon.

Si nous ne le vivons pas ainsi, il devient un poids, une formalité à remplir pour éliminer des souillures dont nous éprouvons un peu l'embarras, le dégoût, la honte. Il devient alors la simple recherche d'une conscience meilleure. Même dans ces conditions, le sacrement fait du bien mais, peu à peu, nous nous en éloignons en percevant qu'il est triste, fatigant, pénible.

Il est, en réalité, une rencontre joyeuse avec Dieu, la reprise de l'exclamation de Jean, sur la barque au milieu du lac : « C'est le Seigneur ! » (*Jean* 21, 7).

« C'est le Seigneur ! » et tout est modifié. « C'est le Seigneur ! » et tout resplendit à nouveau. « C'est le Seigneur ! » et tout prend à nouveau un sens dans la vie : chaque fragment de mon existence retrouve sa signification.

Il doit, par conséquent, être vécu avec joie et sérénité. Même la pénitence, la purification, l'expiation deviennent l'ouverture à un rapport.

Comment vivre ce sacrement ? Comme moment d'un parcours à travers lequel nous essayons de comprendre qui nous sommes, ce que nous sommes appelés à être, en quoi nous nous sommes trompés, ce que nous n'aurions pas voulu être, ce que nous demandons à Dieu.

Je suggèrerais de le vivre comme un *entretien pénitentiel*.

L'entretien pénitentiel est la confession ordinaire, à la différence près que nous essayons de dérouler les mêmes choses avec plus de force.

L'entretien comprend trois moments fondamentaux. En fait, le mot latin *confessio* ne signifie pas seulement aller se confesser, mais aussi *louer, reconnaître, proclamer*.

Confession de louange

Je nomme le premier moment *confessio laudis*, c'est-à-dire confession de louange.

Au lieu de commencer la confession en disant « J'ai péché de telle et telle façon », on peut dire « Seigneur, je te remercie » et exprimer devant Dieu les faits, ce dont je Lui suis reconnaissant.

Nous avons trop peu d'estime de nous-mêmes. Essayez de réfléchir, vous verrez combien de choses, auxquelles vous n'aviez pas songé, vous viendront à l'esprit, notre vie étant pleine de dons. Vous verrez à quel point cela ouvre l'âme au vrai rapport personnel.

Ce n'est plus moi qui vais, presque en cachette, exprimer un péché pour l'effacer, c'est moi qui me place devant Dieu, le Père de ma vie, et je dis par exemple : « Je te remercie parce que pendant ce mois tu m'as réconcilié avec une personne avec qui je me trouvais en mauvaise posture. Je te remercie parce que tu m'as fait comprendre ce que je devais faire. Je te remercie parce que tu m'as donné la santé. Je te remercie parce que tu m'as permis de mieux comprendre la prière durant ces jours, de comprendre combien la prière était une valeur importante pour moi. »

Il nous faut exprimer une ou deux choses dont nous sentons que nous devons vraiment remercier le Seigneur.

C'est pourquoi le premier moment est une confession de louange.

Confession de vie

Vient ensuite ce que j'appelle la *confessio vitae*.

Je ne dresse pas seulement une liste de péchés, mais je pose plutôt la question fondamentale : « Depuis ma dernière confession, que voudrais-je qu'il ne soit pas arrivé dans ma vie en général ? Que voudrais-je ne pas avoir fait ? Qu'est-ce qui me dérange, qu'est-ce qui me pèse ? »

Une partie de nous-mêmes entre alors pour beaucoup dans cette démarche. C'est la vie qui y entre, non pas uniquement dans ses péchés formels – « j'ai fait ceci, je me comporte mal... » –, mais dans le but d'aller à la racine de ce que je voudrais qu'elle ne fût pas.

« Seigneur, je sens en moi des antipathies insurmontables... qui deviennent source de mauvaise humeur, de médisances, de petites vengeances. Je voudrais être guéri par toi. Seigneur, je sens en moi de temps à autres des tentations qui m'entraînent ; je voudrais être guéri des forces de ces tentations. Seigneur, j'éprouve du dégoût pour les choses que je fais, je sens en moi de la paresse, de la mauvaise humeur, de l'indifférence pour la prière ; je sens en moi des doutes qui me tourmentent... »

Si nous parvenons, dans la confession de vie, à exprimer certains sentiments intimes ou émotions, qui nous pèsent et dont nous souhaiterions l'inexistence, nous trouvons également les racines de nos fautes. Nous nous connaissons alors pour ce que nous sommes réellement : un faisceau de désirs, un volcan d'émotions et de sentiments, certains bons, immensément bons, d'autres méchants au point de ne pouvoir que peser négativement. Les ressentiments, les amertumes, les tensions, les goûts morbides qui ne nous plaisent pas, nous les exposons devant Dieu, en disant : « Regarde, je suis un pécheur. Toi seul peux me sauver. Toi seul peux me débarrasser de mes péchés. »

Confession de foi

Le troisième moment est constitué de la confession de foi, la *confessio fidei*.

Nos efforts ne servent pas énormément. Il est nécessaire

que l'intention soit conjuguée à un profond acte de foi dans la puissance salvatrice et purificatrice de l'Esprit, dans la miséricorde infinie de Dieu.

La confession ne consiste pas uniquement à déposer ses péchés, comme on dépose une somme sur une table. La confession revient à déposer notre cœur dans le Cœur du Christ, afin qu'il le transforme par sa puissance.

La *confessio fidei*, c'est dire au Seigneur : « Seigneur, je sais que je suis fragile, je sais que je suis faible, je sais que je peux perpétuellement tomber, mais Toi, par ta miséricorde, soigne ma fragilité, protège ma faiblesse, fais-moi voir quelles sont les résolutions que je dois prendre pour signifier ma bonne volonté de Te plaire. »

C'est d'une semblable confession qu'éclôt la prière du repentir : « Seigneur, je sais que mes actes ne sont pas seulement dommageables pour moi, pour mes frères, pour les personnes qui ont été dégoûtées ou instrumentalisées, mais qu'il s'agit aussi d'une offense qui t'est faite, à Toi, Père qui m'as aimé, qui m'as appelé. »

Il s'agit ici d'un acte personnel : « Père, je le reconnais et je voudrais ne jamais l'avoir commis... Père, j'ai compris que... »

Une confession de cette sorte ne nous ennuie jamais parce qu'elle est toujours différente. À chaque fois, nous voyons d'autres racines négatives émerger de notre être : des désirs ambigus, de fausses intentions, de faux sentiments.

À la lumière de la puissance pascale du Christ, écoutons la voix : « J'ai absous tous tes péchés... Paix à vous... Paix à cette maison... Paix à ton esprit... »

Dans le sacrement de la Réconciliation, il se produit une authentique et réelle expérience pascale, à savoir la capacité d'ouvrir les yeux et de dire : « C'est le Seigneur ! »

La pénitence

Le sacrement de la Réconciliation prévoit le moment présumé de la « pénitence » ou « satisfaction ». Il s'agit de ces gestes, prières, actions que le prêtre demande d'accomplir, tels un signe, un fruit, une expression de la conversion.

Comme confesseur, lorsque je songe à la « pénitence », je dois néanmoins admettre sentir pointer en moi une certaine gêne, une interrogation : quelle pénitence est vraiment adaptée au chemin de la personne que j'ai devant moi ? Comment puis-je, en si peu de temps, identifier la pénitence qui, pour elle, sera le fruit d'une conversion spécifique, d'un moment de grâce ? Qu'est-ce qui lui est vraiment utile pour exprimer, de manière particulière, son chemin historique ?

En général, le confesseur échappe à semblable difficulté en proposant génériquement une prière ou un acte de culte : de fort belles choses, importantes, qui, toutefois, ne semblent pas toujours correspondre au chemin que la personne est en train d'accomplir.

La difficulté concrète apparaît à ce moment précis du sacrement de la pénitence, lorsque l'on veut sortir de la routine, de l'habitude, des formalités et s'adapter à la personne.

Cela dit, je suis convaincu qu'il s'agit de l'un des moments où l'Église est la plus proche de celui ou de celle qui accomplit un itinéraire de pénitence. Naturellement, elle est proche de lui ou d'elle à toutes les étapes du sacrement : lors de l'examen de conscience à l'aide de ses questions ; lors du moment de la douleur en lui suggérant les mots ; en l'invitant à ce propos à suivre l'exemple des saints ; en se faisant surtout transparence du Christ miséricordieux quand elle nous accueille et nous absout au nom du Seigneur.

Mais, au moment de suggérer la « pénitence », l'Église veut s'adapter de manière toute particulière, se rapprocher du chemin de chaque personne dans son irremplaçable individualité.

Elle devrait dès lors devenir le maître de l'itinéraire pénitentiel, afin que la personne exprime, selon les mots de saint Jean Baptiste, des « fruits dignes de pénitence », marque d'un cœur qui veut se renouveler.

Gardant à l'esprit la difficulté posée par la « pénitence » au prêtre qui administre le sacrement, je voudrais méditer le passage évangélique qui parle de Zachée (*Luc* 19, 1-10).

Nous pouvons le définir comme un passage de rencontre pénitentielle entre l'homme et Jésus, comme un récit historique soulignant une réalité permanente. Lors de cette rencontre, l'homme Zachée accomplit des actions successives, internes et externes, qui sont pour certaines les prémisses, et pour d'autres la conséquence de la parole du pardon de Jésus.

– L'*action interne* de Zachée consiste en son désir de voir Jésus. Un désir fort, intense, que nous pourrions presque définir d'« extatique » en ce qu'il fait sortir Zachée de lui. On ne peut l'expliquer par la simple curiosité qui le fait courir pour voir Jésus et qui lui impose les choses qu'il accomplit ! Un profond désir le meut de l'intérieur et c'est déjà de l'amour, un amour naissant pour Jésus, qui le pousse à réaliser une action externe.

– L'*action externe* consiste à courir et à grimper sur un arbre. On s'étonne qu'un homme comme lui, chef des percepteurs d'impôts, coure dans la rue et grimpe à un arbre, ce qu'il n'aurait pas fait en temps ordinaire. Il est en train de vivre un instant d'amour si fort qu'il en oublie les habitudes, les conventions sociales, son nom, son prestige, son orgueil.

Sur cet amour intense de Zachée voici que tombe la parole d'amitié de Jésus : « Aujourd'hui, c'est chez toi que je dois loger. »

Une parole familière qui surprend Zachée et provoque

chez lui certaines ***nouvelles actions***, qui ne sont plus d'introduction mais de conversion.

– L'action externe voit Zachée accueillir Jésus, plein de joie.

– L'action interne conduit Zachée à décider et annoncer qu'il veut donner aux pauvres la moitié de ce qu'il possède et réparer ses torts de façon extraordinaire : « Seigneur, je donne désormais aux pauvres la moitié de mes biens et, si j'ai extorqué de l'argent à quelqu'un, je lui rends le quadruple. » C'est le résultat pénitentiel, social, civil, communautaire du chemin de Zachée. C'est le fruit de « pénitence » de sa réconciliation.

Je suis très frappé par la *joie* avec laquelle Zachée accomplit ses actions, une joie qui le rend extraordinairement, nous dirions presque inconsidérément, généreux, qui l'amène à délaisser tout calcul. On pourrait lui faire observer que, s'il donne la moitié de ses biens aux pauvres, l'autre moitié ne lui suffira pas pour restituer le quadruple! En réalité, Zachée a, pour ainsi dire, perdu le sens de la mesure. Il a été transformé par l'amitié et la réconciliation avec Jésus. Ce qui l'intéresse, c'est de laisser éclater la joie autour de lui, en abondance, comme signe de sa conversion.

Le *premier fruit de la rencontre pénitentielle* est alors la joie. Une joie qui déborde autour de nous et nous fait accomplir aisément des actions parfois difficiles, auxquelles nous ne nous serions jamais décidés avant d'avoir écouté la parole de Jésus.

Le deuxième point sur lequel on insiste, dans le chemin de Zachée, c'est que lui-même *propose à Jésus la « pénitence »* qu'il veut entreprendre, et Jésus l'approuve. Zachée propose ce qui est plus adapté pour un homme comme lui, avide, tricheur, désireux de posséder.

Il a su comprendre son point faible et à partir de là, il change. Le fruit de la « pénitence » est pour lui la générosité envers les pauvres, la rapidité à réparer les torts causés aux autres (non au moyen de grands discours, ni de prières, ni de pèlerinages, ni de gestes extérieurs qui ne touchent pas). Il est question de sa pénitence précise, personnelle, et historique. Jésus l'approuve et lui dit : « Aujourd'hui, le salut est entré dans cette maison. »

En revenant à la question que se pose le confesseur sur la « pénitence » à donner, la réponse suggérée par ce passage de l'Évangile m'apparaît très simple. Ce peut être le pénitent qui aide le prêtre en inversant les positions. Au lieu de demander ce qu'il doit accomplir comme pénitence, qu'il s'interroge sur son action, le geste de justice, de miséricorde qui correspond à son chemin.

Au lieu de déplorer le caractère inadapté, extérieur, formel, toujours identique de la « pénitence », nous pourrions, dans un dialogue plus détendu et plus ouvert, suggérer ce que nous tenons pour capital comme signe de la conversion que nous avons demandée à Dieu, comme fruit de l'Esprit-Saint, de purification. Nous l'invoquons avec les paroles du psaume : « Crée en moi un cœur pur, ô mon Dieu, et renouvelle en moi un esprit ferme... et ne me prive pas de ton esprit de sainteté. Rends-moi la joie de ton salut... »

Purification du cœur et vraie religiosité

Je choisis deux textes évangéliques, parmi tant d'autres possibles, un de Marc et l'autre de Matthieu. Ils sont exemplaires pour la voie de la purification du cœur et la vraie religiosité.

– Le premier raconte l'épisode d'un homme riche qui s'approche de Jésus :

« Comme il sortait pour se mettre en route, quelqu'un accourut et, se jetant à genoux devant lui, demanda : “Bon Maître, que dois-je faire pour obtenir la vie éternelle ?” Jésus lui dit : “Pourquoi m'appelles-tu bon ? Il n'est de bon que Dieu seul. Tu connais les commandements : tu ne tueras point, tu ne commettras point d'adultère, tu ne voleras point, tu ne porteras point de faux témoignage ; tu ne feras de tort à personne ; honore ton père et ta mère.” Il repartit : “Maître, tout cela je l'ai observé dès ma jeunesse.” Alors Jésus fixa sur lui son regard et l'aima : “Une seule chose te manque, lui dit-il ; va vendre tout ce que tu possèdes, donne-le aux pauvres, et tu auras un trésor dans le ciel ; puis, viens, et suis-moi.” Mais lui, à cette parole, devint sombre et il s'en alla tout triste : il avait de grandes propriétés » (*Marc* 10, 17-22).

Cet homme qui observe depuis toujours tous les commandements, n'aurait jamais pensé qu'il n'avait pas le *cœur pur*. Voilà le mystère de la page de l'Évangile : même celui qui observe tous les commandements peut ne pas avoir le cœur pur.

Même en accomplissant la justice humaine, il ne sait pas entrer dans le dessein divin qui est miséricorde, solidarité (« va vendre tout ce que tu possèdes, donne-le aux pauvres »), qui est espérance en une vie sans fin (« et tu auras un trésor dans le ciel »), et qui fait obligation de se conformer à Jésus (« viens, et suis-moi »).

Sa conception du projet est rationnelle, d'une bonne religiosité humaine, mais elle n'atteint pas encore la pureté du cœur. Souvent, nous nous trompons quand nous pensons ne rien avoir sur la conscience, alors que nous ne sommes pas parvenus à cette limpidité du cœur qui nous permet de saisir le projet divin en Jésus-Christ. Donc de nous déterminer selon les choix du Christ, de prendre des décisions, par rapport à la vie de l'Église comme des individus, qui répondent à l'esprit évangélique de pauvreté, de miséricorde, de solidarité, qui prennent la suite du Christ.

Tout le monde n'est pas capable de comprendre cela. Les apôtres eux-mêmes s'effraient en montrant leur peine à passer de la justice rationnelle à l'acceptation du projet de Dieu sur eux.

« Bienheureux ceux qui ont le cœur pur » : n'ayant pas de liens cachés, de liens inconscients, ils sont prêts à comprendre le projet de Dieu en Jésus Christ.

L'homme riche pensait être disponible (« Que dois-je faire pour obtenir la vie éternelle ? »), être libre, et pourtant il ne l'était pas. Essayons de penser au nombre de décisions prises dans la vie religieuse, sociale et civile, sans avoir le cœur libre et disponible, même si l'on respecte certains droits immédiats et si l'on suppose donc ne rien faire de mal.

Le signe indicateur de notre manque de liberté dans le cœur est la tristesse, l'amertume, la pesanteur de la vie : « Mais lui, à cette parole, devint sombre et il s'en alla tout triste. » Il arrive à tout le monde de vivre des moments tristes quand tout autour de nous nous paraît sombre, négatif, faux, sans savoir pourquoi.

Le texte de Marc continue : « Jésus, jetant des regards autour de lui, dit à ses disciples : "Comme il sera difficile aux riches d'entrer dans le Royaume de Dieu !" Les disciples étaient stupéfaits de son langage. Mais Jésus reprit de plus belle : "Mes enfants, qu'il est difficile (à ceux qui mettent leur confiance dans les richesses) d'entrer dans le Royaume de Dieu ! Un chameau passe plus aisément par le chas de l'aiguille qu'un riche n'entre dans le Royaume de Dieu." De plus en plus ahuris, les disciples se dirent les uns aux autres : "Alors, qui peut être sauvé ?" Jésus les regarda : "Aux hommes, c'est impossible, dit-il, mais pas à Dieu : tout est possible à Dieu » (*Marc* 10, 23-27).

Jésus enseigne donc que la liberté du cœur est ardue et,

en faisant allusion à la confiance que certains placent dans l'argent, il entend également parler de confiance dans son propre pouvoir, dans ses propres projets, dans sa propre responsabilité.

« Comme il sera difficile aux riches d'entrer dans le Royaume de Dieu ! » l'expression peut être traduite par : « Comme il sera difficile aux hommes politiques d'entrer dans le Royaume de Dieu ! » Parce que l'homme politique a beaucoup de pouvoir, qu'il dispose de nombreuses situations, qu'il fait de multiples choix, et en supposant qu'il veuille être honnête, il se retrouve pris dans un tel entrelacement d'attentes et de réalités, qu'à la fin celles-ci le conditionnent. Les attentes des gens, ses succès, son besoin de faire carrière, lui interdisent la liberté du cœur.

En élargissant le discours, on pourrait dire : « Comme il sera difficile à ceux qui ont la responsabilité des autres d'entrer dans le Royaume de Dieu ! » Combien il est difficile pour les évêques, pour les prêtres, de répondre à ceux qui leur posent des questions, aux attentes de la presse et des fidèles, aux soucis de ceux qui possèdent telle ou telle idéologie. Le travail de l'équilibre est vraiment grand. Comme le dit Jésus, la liberté du cœur est une chose très difficile.

Pareils aux apôtres, nous sommes stupéfaits : « Alors, qui peut être sauvé ? » Mais Jésus, les regardant, répond : « Aux hommes, c'est impossible, dit-il, mais pas à Dieu ! » La pureté et la liberté du cœur sont un don de Dieu seul, nous ne pouvons prétendre y parvenir. C'est déjà beaucoup d'arriver à confesser : je suis malheureusement conditionné par de nombreuses choses et j'ai du mal à trouver le droit chemin. C'est une première intuition de notre impureté de cœur et d'esprit, et le Seigneur veut que nous l'éclairions avec sérieux, en reposant notre confiance en Dieu pour qui tout est possible.

« Pour Dieu, rien n'est impossible » : voici les paroles

que l'ange adresse à Marie (*Luc* 1, 37). Cela nous fait penser que, tout comme Marie ne pouvait imaginer une conception virginale sans l'aide d'en haut, nous ne pouvons imaginer être libres au milieu des responsabilités de ce monde, sans une force extraordinaire, sans une grâce de l'Esprit-Saint.

– Le deuxième passage de l'Évangile souligne la différence entre ***hypocrisie et vraie religiosité*** :

« Hélas pour vous, scribes et pharisiens hypocrites ! Vous fermez aux hommes le Royaume des cieux : vous n'y entrerez pas vous-mêmes, et ceux qui le voudraient, vous les en empêchez.

« Hélas pour vous, scribes et pharisiens hypocrites ! Vous courez mers et terre pour gagner un prosélyte, et quand vous l'avez, vous en faites un fils de l'enfer deux fois pire que vous.

« Hélas pour vous, guides aveugles ! Vous dites : Si l'on jure par le sanctuaire, ce n'est rien ; mais si l'on jure par le trésor du sanctuaire, on est tenu par son serment. Insensés, aveugles ! Quel est le principal ? Est-ce l'or, ou le sanctuaire, auquel il doit sa consécration ? Vous dites encore : Si l'on jure par l'autel, ce n'est rien ; mais si l'on jure par l'offrande qu'on met sur l'autel, on est engagé. Aveugles ! Quel est le principal ? L'offrande, ou l'autel auquel elle doit sa consécration ? Jurer par l'autel, c'est jurer aussi par tout ce qui est dessus ; jurer par le sanctuaire, c'est jurer aussi par Celui qui l'habite ; et jurer par le ciel, c'est jurer par le trône de Dieu, et par Celui qui y est assis » (***Matthieu*** 23, 13-22).

Ces paroles de Jésus sont parmi les plus difficiles de tout l'Évangile et elles nous surprennent tant elles sont tranchantes, menaçantes, troublantes.

Elles nous renvoient l'image de la violence verbale, de la

force polémique, de la capacité à démasquer l'adversaire, avec laquelle Jésus parvient à s'exprimer. Ce qui contraste avec la douceur, la délicatesse, la miséricorde, la patience que nous trouvons ordinairement dans ses autres paroles de l'Évangile.

Cela dit nous devons nous efforcer de comprendre cette page à partir du contexte. L'évangéliste Matthieu la situe immédiatement après les controverses opposant Jésus à ses adversaires à Jérusalem : celles-ci sont sur le point d'aboutir aux conséquences les plus extrêmes : la trahison et la mort.

Ces controverses sont provoquées par les questions posées par les Sadducéens à Jésus, sur le tribut de César, sur la résurrection annoncée, sur la Loi. On cherche, au fond, une manière de le circonvenir, de lui mettre le dos au mur.

Jésus réplique avec force et, parvenu à ce stade, il passe à l'attaque. Il adresse un série d'invectives – il s'agit des sept « hélas » – contre des hommes d'Église et de culture, contre des hommes de la bureaucratie ecclésiastique de son époque, et pour nous elles acquièrent une force particulière.

Qu'est-il reproché à ces personnes ? L'hypocrisie, c'est-à-dire le refrain récurrent des paroles de Jésus. Au troisième « hélas » on parle de « guides aveugles », mais immédiatement après revient la désignation « hypocrites ».

Selon l'étymologie du mot grec, hypocrites qualifie des acteurs, des gens qui jouent un rôle, qui portent un masque.

Les faux prédicateurs sont hypocrites parce qu' ils savent peut-être bien jouer en attirant l'attention de ceux qui les écoutent, mais il y a une substantielle dissonance entre leur vie et les choses qu'ils racontent.

Jésus dit tout d'abord des hypocrites – les faux prédicateurs – non seulement qu'on rit dans leur dos, mais aussi qu'ils font du mal : « Vous fermez aux hommes le Royaume des cieux », vous êtes tellement préoccupés de l'exactitude des rituels, que vous n'incitez plus les gens par vos paroles à suivre le chemin qui mène au Règne, mais bien au contraire, vous en fermez l'accès. L'accusation est vraiment terrifiante.

La deuxième accusation vise l'extériorité : « Vous courez mers et terre pour gagner un prosélyte. » Jésus nous fait comprendre qu'une manifestation externe soignée des sentiments religieux peut rester liée à une vie mensongère qui se manifeste dans un prosélytisme fébrile, n'ayant rien à voir avec l'esprit missionnaire, la communication de la Parole, n'engageant pas dans la joie profonde qu'on a vécue. On recherche le prestige à travers l'accroissement numérique du groupe. Il s'agit de formes de prestige mondain qui se substituent à la prédication de la Parole libre qui, à travers le don, peut susciter le consensus. Ces formes impérieuses, sournoises de la propagande, prennent les habits du rachat moral et spirituel.

La troisième invective est également terrible : « Hélas pour vous, guides aveugles ! » Les guides aveugles ne connaissent ni le chemin, ni son terme, ils n'ont pas la clarté de la voie de Dieu. Ne sachant où aller, on prêche à tort et à travers, confusément. Même si de façon plaisante, confondant l'essentiel avec l'accessoire, on insiste sur des préceptes périphériques en négligeant les fondamentaux, pervertissant le sens religieux et moral de ceux qui écoutent.

Le texte donne un exemple de cette perversion dans les diverses subtilités juridiques qui permettent de se dérober aux promesses faites, en abandonnant les personnes nécessiteuses. On les remplace par des œuvres qui seulement en apparence sont miséricordieuses.

C'est une invective sans pitié et sans miséricorde, qui retourne le couteau dans la plaie de l'hypocrisie religieuse et morale, de la fausse spiritualité.

Nous lisons cependant une parole positive, concernant la sagesse du cœur, la vraie religiosité, dans l'affirmation de Jésus sur certaines réalités du culte et de la nature : « Jurer par l'autel, c'est jurer aussi par tout ce qui est dessus ; jurer par le sanctuaire, c'est jurer aussi par Celui qui l'habite ; et jurer par le ciel, c'est jurer par le trône de Dieu, et par Celui qui y est assis. »

Toutes les réalités – naturelles, historiques, surnaturelles, cultuelles et culturelles – révèlent le mystère de Dieu, et toutes le cachent. Dans les paroles de Jésus il y a une profonde vision de sagesse.

La vraie religiosité sait percevoir, par-dessus tout, au-delà de tout, au fond de tout, le mystère ineffable de l'amour de Dieu, de la très douce présence d'un Dieu qui nous aime, nous comprend, vient à notre rencontre, nous accueille, nous stimule, nous soutient, nous console.

La sagesse du cœur, émerge jusque dans les instants de la plus dure polémique de Jésus, cette dernière partant de la vérité, de l'amour, de la lumière de Dieu, de la profonde illumination intérieure. Ce qui mène ces pages aux mêmes sommets spirituels de toutes les autres pages de l'Évangile.

La force du pardon

La force du pardon peut être contemplée au travers de deux situations décrites, cette fois, dans l'Évangile de Luc : la guérison du paralytique et la femme qui entre dans la demeure de Simon.

– « Un jour qu'il enseignait, il y avait, assis autour de lui, des pharisiens et des docteurs de la Loi, venus de toutes les localités de Galilée, de Judée et de Jérusalem ; et la puissance du Seigneur lui faisait opérer des guérisons. Survinrent alors des gens portant sur une civière un homme paralysé ; ils cherchaient à le faire entrer et à le déposer devant lui. Ne trouvant pas à l'introduire à cause de la foule, ils montèrent sur la terrasse et, à travers les tuiles le descendirent sur son lit, au milieu de l'assemblée, en face de

Jésus. Voyant leur foi, Jésus dit : “Mon ami, tes péchés te sont remis.” Alors, les scribes et les pharisiens se mirent à penser : “Qui est cet homme qui blasphème ? Qui peut remettre les péchés sinon Dieu seul ?” Mais Jésus se rendit compte de leurs pensées ; il prit la parole et leur dit : “Que raisonnez-vous là dans votre cœur ? Quel est le plus aisé à dire : Tes péchés te sont remis ; ou : Lève-toi et marche ? Eh bien ! Pour vous faire comprendre que le Fils de l’Homme a sur terre le pouvoir de remettre les péchés : Je te l’ordonne, dit-il au paralytique, lève-toi, prends ta couchette et retourne chez toi.” À l’instant, il se leva devant eux, prit la couchette sur laquelle il gisait, et s’en alla chez lui, glorifiant Dieu. Tous furent transportés d’enthousiasme et ils glorifiaient Dieu ; pénétrés de respect, ils disaient : “Nous avons vu aujourd’hui des choses prodigieuses » (*Luc* 5, 17-26).

La situation est plutôt étrange. Des hommes risquent le ***ridicule***, découvrent le toit de la maison, font descendre le paralytique, sans savoir si Jésus veut le recevoir. Accomplira-t-il ou non le miracle ? Et si le malade rentrait chez lui plus accablé et plus humilié qu’auparavant ?

Ce n’est pas une mince affaire de croire à un miracle ? S’il n’a pas lieu, ils se couvriront de ridicule, les gens se moqueront d’eux.

Nous nous trouvons donc face à un acte de courage, à un exemple d’attitude désintéressée, à une initiative pas vraiment raisonnable qui voient les porteurs et le paralytique emportés par une confiance illimitée en ce Jésus dont ils savent peu de choses.

Grâce à l’attitude de courage et de confiance, la situation se retourne complètement : les péchés de l’homme sont pardonnés, sa maladie est guérie.

Jésus apparaît comme celui qui *pardonne et guérit*. L’Évangile, pouvons-nous dire, est une force de pardon et de guérison pour ceux qui s'y confient, qui osent un geste courageux, qui s'y jettent à corps perdu. Le courage que les transformations opérées par Jésus demande, me frappe beaucoup : il appartient justement à la maturité de l'homme découvrant dans un instant de force intérieure, de sortie de soi, comment il parvient à atteindre ce qu'il désire profondément.

Un jour alors que je me promenais en montagne, je remarquais de merveilleuses cascades, l'eau descendant à pic sur des dizaines et des centaines de mètres, écumant par endroits. L'image de la cascade s'est gravée en moi. En contemplant cette scène, je tentais de m'identifier à l'eau et je pensais : si j'avais peur de m'élancer, que ferais-je ? Je resterais là, je ne suivrais pas cet instinct qu'a l'eau de se précipiter vers le bas, je m'arrêterais de peur, je ne prendrais aucune initiative, je ne serais pas qui je dois être.

Je suis qui je dois être, dans la mesure où j'ai tendance à faire confiance. Cette tendance innée qui mène l'homme à aller au-delà de lui-même à travers un acte de confiance en d'autres hommes, fonde la société, l'amitié, l'amour et la fraternité. Si personne ne risque jamais rien, il ne naît rien. C'est en ayant confiance dans la parole de Jésus que la possibilité de salut voit le jour.

– « Un pharisien pria Jésus de dîner avec lui. Jésus se rendit chez lui et se mit à table.

Or il y avait une femme, connue de la ville comme pécheresse. Apprenant qu'il dînait chez le pharisien, elle prit une fiole de parfum, et vint se placer en retrait, à sangloter aux pieds de Jésus. Bientôt ses larmes coulèrent sur les pieds du Seigneur ; elle les essuyait de ses cheveux, les baisait et y répandait du parfum.

À cette vue, le pharisien, son hôte, se dit en lui-même : "Si cet homme était prophète, il saurait bien quelle est cette femme qui le touche, et que c'est une pécheresse." Alors Jésus lui dit : "Simon, j'ai quelque chose à te dire. – Parle, Maître", dit-il. "Un créancier avait deux débiteurs ; l'un devait cinq cents deniers, l'autre cinquante. Comme ils n'avaient pas de quoi payer, il remit à tous deux leur dette. Lequel d'entre eux l'aimera davantage ?" Simon répondit : "Celui, je suppose, auquel il a remis davantage." Jésus reprit : "Tu as bien jugé." Et se tournant vers la femme, il dit à Simon : "Tu vois cette femme ? Je suis entré chez toi, et tu ne m'as point versé d'eau sur les pieds ; tandis qu'elle me les a mouillés de ses larmes, et essuyés de ses cheveux. Tu ne m'as point donné de baiser ; tandis qu'elle n'a cessé, depuis qu'elle est entrée, de me baiser les pieds. Tu ne m'as point versé d'huile sur la tête ; tandis qu'elle m'a versé son parfum sur les pieds. Aussi, je te le déclare, ses nombreux péchés sont pardonnés, puisqu'elle a témoigné beaucoup d'amour. Mais celui à qui on pardonne peu, aime peu. »

« Puis il dit à la femme : "Tes péchés sont pardonnés." Les convives se dirent alors : "Qui donc est cet homme qui ose pardonner les péchés ?" Mais Jésus dit à la femme : "Ta foi t'a sauvée, va en paix » (*Luc* 7, 36-50).

La situation présentée par Luc est ambiguë.

Un homme, Simon, se croit important, a en main la situation, et n'a rien risqué. Il a reçu Jésus, mais avec le minimum de courtoisie, pensant ainsi contenter tout le monde. En recevant Jésus, il se montre un homme ouvert, capable d'affronter les idées nouvelles, possédant une certaine intelligence et une certaine ouverture d'esprit. En ne lui rendant pas tous les honneurs dus, il peut cependant toujours prétendre l'avoir tenu à distance, surveillé pour voir ce qu'il racontait.

Cette manière de garder la face aux yeux de tous sans s'engager est exactement l'image de l'action politique qui nous menace en permanence. Nous agissons, mais de manière à ce que personne ne puisse nous critiquer, et nous naviguons de cette façon, en extrême équilibre entre les deux parties, sans nous compromettre. C'est parfois nécessaire, et les besoins de la vie l'imposent. Mais assurément, l'homme qui vit de cette manière ne vit pas, il vit la situation de Simon qui prépare un banquet pour Jésus où il laisse s'installer une atmosphère tendue et circonspecte. Jésus se sent observé et c'est probablement pourquoi il parle sans grand enthousiasme ni sérénité. Les autres aussi se sentent observés et, à leur tour, ne s'aventurent que dans des discours très généraux, ne compromettant personne.

Et voici qu'en balayant toutes les conventions, une femme fait irruption, créant un énorme embarras. Tous se regardent, détournent les yeux, s'envoient des signes, demandent, font marche arrière, disent ne pas la connaître et chacun attribue à l'autre la faute de l'avoir invitée. Pendant ce temps, la femme avance, imperturbable, et dans un geste de confession publique, accomplit des actes envers Jésus en signes d'affection, de reconnaissance, de vénération. Ce que personne d'autre n'avait su accomplir.

Aucun des présents n'ose se risquer, au contraire de la femme : que fera en effet Jésus, pour qui prendra-t-il parti ?

Nous admirons encore une fois la capacité de Jésus à renverser les positions : il ne réprimande pas tout de suite, il sait pertinemment que dans ces moments cruciaux il faut agir avec prudence et attention. Au moyen d'une opportune parabole racontée à Simon et d'une question finale, il fait reconnaître à celui-ci que la situation, dans la réalité de Dieu tout comme dans celle de la sincérité humaine, s'oppose à ce que tout le monde pense. L'intrus, celui qui a l'air gauche et n'a pas su agir, c'est Simon. La personne qui, dignement, a su être à la hauteur de la situation, c'est-à-dire vraie, réelle, humaine, c'est la femme. Elle a su comprendre, elle a vécu cette réalité.

Jésus a mené la femme à la reconnaissance de la faute,

l'a conduite sur la voie de la purification, non à travers d'amers reproches qui mettent la personne en situation de défense, mais en suscitant en elle le courage, l'énergie, la liberté du cœur. Tout ceci fait d'elle une image parfaite de l'homme et de la femme qui parcourent la voie de la purification et obtiennent de Dieu le pardon au moyen d'un acte d'amour et de transformation de leur existence.

Le mot amour est placé au centre : « Ses nombreux péchés sont pardonnés, puisqu'elle a témoigné beaucoup d'amour. »

Les quatre visages de la conversion

Conversion signifie très simplement « tournant », changement de cap, changement de mentalité et d'horizons. Du point de vue de la foi, la conversion est un événement fondamental pour l'homme. Est *chrétien* celui qui se convertit des idoles à Jésus-Christ, révélateur du Père, et vit son existence de façon nouvelle. Et cette nouvelle manière de regarder la réalité est caractéristique de qui se reconnaît pécheur mais sauvé, fils de Dieu, aimé et pardonné.

Il serait très intéressant de réfléchir à la place occupée par la conversion (en hébreu *teshouvà*) dans la religion juive. Les Sages enseignaient que la *teshouvà* est la seconde des « sept choses » qui furent « créées avant la création du monde » (b *Pesachim* 54 a). Nous l'examinerons dans le Nouveau Testament, où elle se présente avec trois caractéristiques :

. la conversion chrétienne est *intérieure* ;
. la conversion chrétienne est toujours *actuelle*, elle ne se réalise pas en une seule fois dans la vie, mais suppose un cheminement long, patient, jamais achevé ;
. la conversion chrétienne est *discrète*, ni bruyante, ni

spectaculaire, parce qu'elle se vit dans le silence et au quotidien.

Souvent les gens sont poussés à saisir les aspects les plus tapageurs de la conversion. Aujourd'hui encore, des groupes incitent au fanatisme de la conversion. Les sectes affichent ainsi un penchant pour le recours à des actions extérieures retentissantes, et les gens en sont tellement impressionnés, que cela risque de rejaillir aussi dans la conversion chrétienne au travers d'actions ou d'un élitisme frelaté que certains seulement pourront suivre.

Dans la mesure où la conversion implique un chemin, chacun d'entre nous expérimente différents moments ou événements particuliers de la vie, à partir de la première décision du retour à Dieu par la reconnaissance de notre éloignement de lui et de sa Parole. Ils constituent une étape ultérieure vers la connaissance plus profonde de Dieu et de son mystère, une intuition nouvelle de notre conscience de fils, de pécheurs sauvés, aimés et pardonnés.

Si nous examinons ensuite de plus près l'avènement de la conversion, nous voyons combien celle-ci comporte de visages, d'aspects qui, historiquement, se présentent parfois séparément.

Il est alors possible de parler de conversion ***religieuse***, de conversion ***morale***, de conversion ***intellectuelle***, de conversion ***mystique***.

Je voudrais en ce sens évoquer quatre figures de personnages connus de tous, quatre figures de saints – Augustin, Ignace de Loyola, Newman, Thérèse d'Avila – pour saisir chacun d'eux. Évidemment cet aspect ou visage n'est pas unique. Tout chrétien, après la première conversion – celle du baptême ou celle de la redécouverte du baptême – devrait parvenir graduellement également aux autres.

La conversion religieuse

Saint Augustin nous montre clairement le passage de la non connaissance du Dieu de la Bible à la connaissance du Dieu de Jésus-Christ.

Son idée de Dieu était très confuse et il pensait même à une double divinité, au principe du Bien et du Mal. Avant sa conversion morale et conversion mystique, saint Augustin réalisa une conversion *religieuse*, au contact de Cicéron.

Il le raconte dans les *Confessions*, lorsqu' il parle de sa lecture de L'*Hortensius* :

« Cette lecture changea mes sentiments ; elle tourna vers Vous, Seigneur, mes prières ; mes vœux et mes désirs en devinrent tout autres. Toutes mes vaines espérances, soudain, perdirent pour moi leur prix, et je désirais l'immortelle sagesse avec une incroyable ardeur. Déjà je me relevais pour revenir à vous. »

Le retour, le changement de direction sur le chemin, est le début de la conversion religieuse.

« Comme je brûlais, mon Dieu, comme je brûlais de prendre mon vol des choses terrestres jusqu'à Vous ! Mais j'ignorais comment vous en useriez avec moi [...] » (*III* 4, 7-8).

Il était encore incertain quant au futur, il vivait encore une existence déréglée, mais pressentait que de toutes les façons Dieu est tout, au-dessus de tout, que Dieu a la primauté. À quel moment des étapes de la prédication évangélique et des Évangiles écrits est-ce indiqué ? Sans hésitation, c'est dans le livre de Marc : il proclame la « Bonne nouvelle de Jésus Christ, Fils de Dieu » (1, 1) et appelle l'homme à accomplir le choix irrévocable du Père de Jésus-Christ, de ce Dieu de Jésus mort sur la croix.

L'Évangile de Marc représente le niveau de la conversion religieuse chrétienne.

La conversion morale

Ignace de Loyola nous permet de percevoir un deuxième visage de la conversion. Il croyait en Dieu, avait été élevé dans la foi chrétienne, se consacrait à certaines pratiques religieuses. Mais les vanités du monde ne lui déplaisaient pas et sa vie était plutôt déréglée.

Contraint à l'immobilité par une blessure à la jambe, il se mit à lire une Vie du Christ et certaines biographies de saints, qui le confrontèrent à lui-même. En réfléchissant sérieusement à son passé, il comprit que, même en reconnaissant la primauté de Dieu, pour être digne de l'amour de Jésus, mort pour nous sauver, il devait changer de comportement. À compter de cet instant, commence le chemin qui le conduira à être un authentique homme d'Église, profondément obéissant au réel et à l'autorité ecclésiastique.

Sa conversion est une conversion *morale* y compris dans ses aspects sociaux, puisqu'elle débouche sur le service de la communauté ecclésiale.

Un tel aspect de la conversion rappelle l'Évangile de Matthieu quand il s'adresse aux fidèles ayant déjà accepté le Christ dans la plénitude de la Loi et les prédictions des prophètes. Ceux-là doivent se convertir à l'Église en tant que corps du Christ, doivent l'accueillir dans sa discipline, dans ses règles, dans sa structure doctrinale.

La conversion intellectuelle

La *conversion intellectuelle* est délicate à définir. Nous la trouvons dans la figure de John Henry Newman (1801-1890).

Il croyait profondément en Dieu et en Jésus, était moralement très droit, d'une grande austérité et d'une grande sainteté. Pas ce que représentait vraiment l'Église instituée. Intellectuellement, il se montrait cependant très confus. Il ne savait pas quelle Église représentait l'Église fondée par Jésus. Dans son autobiographie, il est intéressant de voir quel effort mental il a dû réaliser. Non un effort moral, ni même religieux, mais l'effort consistant à saisir le bon raisonnement, la bonne argumentation, parmi les multiples théologies et philosophies en présence.

À un certain point de son chemin, réfléchissant attentivement aux hérésies du IVe siècle, à la façon dont l'Église avait dépassé l'arianisme et le donatisme, il pressentit le principe d'unité et la centralité de Rome. À ce propos, Newman parle d'« illumination » qui changea sa vie.

Il s'agit d'une conversion intellectuelle. Elle touche l'intelligence qui trouve finalement un principe pour lequel se décider et agir, après avoir fluctué au milieu des opinions et des points de vue confus, différents, contradictoires, non sous l'influence du milieu ambiant et de l'opinion des autres, mais en trouvant une illumination claire et profonde.

La conversion intellectuelle fait partie du parcours chrétien, même si peu l'atteignent. Il est probablement plus commode de se contenter de ce que l'on dit, de ce qui se lit, de la façon de penser du plus grand nombre, de l'influence du milieu, quelle que soit sa bienveillance. Le chrétien parvenu à maturité se doit d'acquérir des convictions personnelles pour être un évangélisateur honnête d'un monde pluraliste et agité d'opinions contradictoires.

En d'autres mots, la conversion intellectuelle est propre à celui qui a appris à raisonner avec sa tête, à saisir le bien-fondé de la foi, afin de savoir s'écarter des mauvais chemins. L'œuvre de Luc – *Évangile* et *Actes* – représente cet itinéraire par lequel une personne veut à tout prix saisir le cheminement chrétien dans le monde, s'orienter au milieu de philosophies et de théologies fort différentes les unes des autres, après s'être décidée à appartenir totalement au Dieu de Jésus Christ, de vivre son existence selon la discipline et les enseignements de l'Église.

Luc apprend à se repérer dans le monde païen, à comparer traditions païenne et juive, à maintenir la fidélité au Dieu d'Israël, au Dieu créateur et à Jésus rédempteur, bien qu'il n'appartienne pas au peuple juif. La communauté primitive se trouvait confrontée à de graves problèmes intellectuels et théologiques : faut-il imposer les formes religieuses juives, même au plan réglementaire aux païens ou bien faut-il opérer une nouvelle synthèse ? Le grand mérite de Luc est d'avoir affronté explicitement le problème de la culture religieuse, de la conversion intellectuelle, donc de l'évangélisation des cultures.

Son œuvre doit nous être particulièrement chère, à nous qui vivons dans un univers culturel décomposé et confus. Même à l'époque de Luc aussi, les idéologies se perdaient et on assistait au mélange d'anciennes et de nouvelles philosophies, de rites venant d'Orient et de religions du mystère. Les gens étaient perplexes, inquiets ; ils avaient besoin d'orientation, de certitudes, de compréhension de l'unité du dessein divin.

Observons d'ailleurs que la grande théologie de Paul est elle-même un développement des intuitions de Luc. L'apôtre la construit en ne se limitant pas à renier les erreurs passées ; il intègre les bons concepts du rabbinisme sur la justice de Dieu et les réflexions de l'agnosticisme sur l'unité du cosmos. Il est très important de lire l'Évangile de Luc et les *Actes des apôtres* dans le mouvement d'approfondissement théologique de Paul, particulièrement les *Lettres aux Romains, aux Corinthiens, aux Galates, aux Éphésiens*, aux *Colossiens*.

En partant du Dieu créateur et du premier homme, en considérant que l'histoire de l'humanité tend à un unique dessein, Luc est parvenu à réaliser la synthèse entre une vision judaïque du monde, à partir d'Abraham et des prophéties, et une vision cosmique que pouvaient également comprendre les païens,

Laissons-nous ébranler par son message vers une conversion intellectuelle, afin d'utiliser notre intelligence pour jauger les phénomènes et les événements autour de nous, pour ne pas être marginalisés ou effrayés.

La conversion mystique

L'Évangile de Jean dessine le quatrième aspect de la *conversion* chrétienne, à savoir la conversion *mystique* dont Thérèse d'Avila fournit un bon exemple.

Thérèse croyait en Dieu, vivait une vie sage, mais écrivait que le monastère ne l'avait pas vraiment aidée à franchir un seuil qualitatif.

Par la grâce, après plus de vingt ans de « médiocrité », elle entre dans cet état de simplification où elle contemple le Seigneur présent en elle. À travers lui, à travers tous les membres de son Corps mystique, à travers toute personne et toute situation, elle observe la réalité.

La conversion mystique représente donc cette condition permettant de saisir immédiatement la présence de Dieu partout. C'est le stade contemplatif du quatrième évangile, le plus approprié à qui est responsable d'autres personnes.

Le responsable d'Église est l'homme de la synthèse, l'homme capable de toujours voir l'Esprit en action dans l'histoire. Il doit saisir l'unité dans les fragments, comme dans les activités disparates, et ne peut y parvenir sans la conversion mystique.

5. Le combat spirituel

Les voies de l'adversaire

Dans les Écritures, l'histoire du monde est vue comme une grande lutte, un vrai combat spirituel, comme l'*Apocalypse*, le dernier livre de la Bible, le confirme :

« Il y avait eu guerre dans le ciel : Michel et ses anges avaient eu à batailler avec le Dragon ; le Dragon et ses anges avaient engagé le combat, mais sans avoir le dessus ; il n'y eut plus de place pour eux dans le ciel. Ainsi fut culbuté le grand Dragon, le Serpent primitif, appelé Diable et Satan, le séducteur du monde entier ; il fut précipité sur terre, et ses anges avec lui » (12, 7-9).

Nous pouvons lire cette lutte comme un conflit de mentalités : qui de Dieu ou de l'homme se trouve au centre ? En arrière-plan, un adversaire tend un piège à l'homme en lui mentant, en lui masquant la vérité.

Le substantif « adversaire » traduit le terme hébreu *Satan*. Il est généralement appelé l'« intelligence du mal », parce que le mal n'est pas simplement fruit d'ignorance, d'erreurs et de négligence, il est plutôt opposition à Dieu. Et les « voies » de l'adversaire sont les moyens qu'il utilise pour venir à nous, ses desseins, ses intentions. Tout cela ne doit pas sembler une idée étrange. En méditant attentivement les Écritures nous comprenons qu'il s'agit d'un important principe d'interprétation de la réalité.

La multiplicité des noms dans la Bible indique à la fois la difficulté à définir cette intelligence du mal, et le caractère multiforme de l'action de l'adversaire.

Premier nom, à partir du chapitre 3 de la Genèse, le *ser-*

pent : il signifie ruse, capacité de tromper, de circonvenir, d'embobiner par des raisonnements spécieux.

Puis vient le *tentateur*, qui cherche à précipiter l'homme dans le gouffre dont il ne parviendra plus à s'extraire.

L'*ennemi*, quant à lui, veut le mal de l'homme, et veut le déprimer, l'humilier, le dégrader.

Meurtrier depuis le début est le nom que Jésus donne à l'adversaire pour souligner qu'il se complaît dans la dégradation humaine. L'histoire enregistre de terribles exemples de ces formes de cruauté humaine, mais l'homme n'en serait pas capable s'il n'était pas poussé par un dessein mystérieux qui le dépasse.

L'*accusateur* ou le *calomniateur*, met toujours en évidence le mal, ce qui est négatif, ce qui conduit à la dépression, à l'auto-accusation et à l'auto-mutilation. Il est clairement l'opposé de l'Esprit-Saint, du « Paraclet », qui défend, console, donne du courage, désigne le but, suggère l'alternative que l'homme trouve dans la grâce. Par cette dénomination d'« accusateur » on entend la réalité intérieure négative qui dit à l'homme : tu ne pourras pas, tu n'y parviendras pas, tu t'es trompé de route.

Le *diviseur*, sème les déchirements entre les personnes, et provoque des malentendus. Il arrive que des malentendus se produisent à partir d'une simple amphibologie verbale, et débouchent sur des luttes de familles et de groupes.

Le *menteur*, trompe de façon si rusée qu'il se rend crédible. Parfois, des calomnies ou des expressions du mensonge humain nous inclinent à penser qu'agit une force diabolique.

Satan lui-même n'est pas toujours nécessairement impliqué, mais ces réalités mettent en évidence cette sphère complexe du mal dont il est le responsable. Nous retrouvons ici l'analogie biblique.

Les voies du mal représentent, par conséquent, la multiplicité des attitudes qui tendent à déprécier l'homme, à le déprimer, à le dégrader, à le décourager. Ce qui se traduit ensuite dans des théories de scepticisme, de nihilisme, d'indifférentisme qui vont jusqu'à se délecter du mal d'autrui. Les différents noms par lesquels les Écritures dénoncent la présence de l'adversaire, prennent forme dans des délits, des suicides, de graves vices, des antagonismes mortels entre les individus.

Les intentions de l'adversaire

Certains passages des *Actes des apôtres* permettent de mieux comprendre l'intention de l'adversaire envers Dieu et le chemin de l'homme vers la Vérité.

– Considérons le réquisitoire de Pierre contre Ananie :

« Ananie, pourquoi Satan occupe-t-il ton cœur au point de te faire mentir à l'Esprit-Saint et frauder sur le prix de ton bien ? » (*Actes* 5,3). Remarquons les deux phrases en parallèle : « Pourquoi Satan occupe-t-il ton cœur ? » et « Te faire mentir à l'Esprit-Saint ». Pierre semble dire que l'homme est incapable de mentir à l'Esprit-Saint si quelque chose ne le bouleverse pas intérieurement.

Le texte grec privilégie l'expression : « Pourquoi Satan a-t-il rempli ton cœur ? » Elle indique la plénitude de la grâce, le don de Dieu qui remplit le cœur, le fait déborder de joie, d'enthousiasme, de créativité, de volonté de se donner alors que l'adversaire tend à remplir le cœur d'amertume, de peur, de calcul, de dégoût et de continuels mensonges.

L'intention de l'adversaire est ainsi dévoilée : s'***emparer du cœur avant même de maîtriser les actes***. « C'est du dedans, du cœur des hommes, que procèdent les pensées mauvaises » (*Marc* 7, 22), nous enseigne Jésus. De même c'est du cœur que procèdent l'amour, la bonté, le dévouement. Satan a pour cible le cœur et aucun cœur humain n'est à l'abri. Chacun de nous fait l'expérience de montées d'amertume, de scepticisme, de dégoût, que l'on repousse et qui remontent en fonction des circonstances vécues. Il n'est pas de moment de notre vie où nous pouvons nous sentir hors de danger : et c'est pourquoi la parole évangélique insiste sur la vigilance continue.

Observons encore que l'expression de Pierre, « Satan a rempli ton cœur » rappelle la description de la trahison de Judas : « Pendant le souper – alors que le diable avait déjà inspiré au cœur de Judas Iscariote, fils de Simon, le dessein de le trahir... » (*Jean* 13, 2).

Cette lecture apparaît strictement conforme à la nôtre et semble poser la question : Judas, comment peux-tu trahir Jésus si tu n'as pas reçu une force de l'adversaire ?

Le passage de Jean est plus complexe et cette traduction tient compte d'une tradition textuelle qui n'est pas des plus anciennes. Les codex plus anciens (le codex Sinaïticus, le codex Vaticanus, et même la Vulgate) disent : « Alors que déjà le diable avait mis dans son cœur » (dans son propre cœur), « que Judas Iscariote le trahirait ».

Cela révèle un autre aspect de l'adversaire qui le place en antithèse avec Jésus. Jésus, pour ainsi dire, s'est déjà mis dans le cœur qu'il doit retourner au Père et veut aimer les siens jusqu'au bout. Satan a mis dans son cœur autre chose : Judas doit trahir Jésus. Il a senti que Judas est le plus faible, qu'il est un peu amer et mécontent, à la limite de la rupture définitive, qu'il a fait des pas dans cette direction. Judas s'engage alors contre Jésus. Le lavement des pieds devient, ce faisant, la lutte contre Satan pour sauver Judas. Jésus accomplit un geste d'humilité pour parvenir à ébranler l'âme de Judas qui se trouve envahie par la tentation satanique de la trahison. Jésus lutte pour l'homme, il lutte pour Judas, et pas seulement pour Pierre ou les autres disciples. Il veut prouver à Judas, par un geste symbolique, qu'il l'aime totalement, veut mourir pour lui, l'estime, est à ses côtés et lui est pratiquement soumis comme un domestique. Il tente d'en conquérir le cœur, de l'arracher à la force de l'adversaire.

Dans cette interprétation nous percevons mieux le style dramatique, négatif de l'expérience chrétienne selon le Nouveau Testament, la lutte entre le Christ et Satan, la lutte entre la lumière et les ténèbres pour le cœur de l'homme.

– Le réquisitoire de Paul, appelé ici aussi Saul, contre le mage Elymas qui tente de ***détourner*** le proconsul de la foi, dans un acte typiquement diabolique. C'est ***la voie de l'adversaire contre la voie de Dieu.***

« Alors Saul, qui porte aussi le nom de Paul ***(à partir du moment où il assume sa fonction prophétique contre l'adversaire, il commence à être appelé Paul)***, rempli de l'Esprit-Saint (***qui lui comble le cœur de consolation et l'illumine sur les desseins de Dieu***), le regarda dans les yeux : « Espèce de fourbe, lui dit-il, imposteur, fils du diable, coquin, n'en finiras-tu pas de pervertir les voies droites du Seigneur ? » (*Actes* 13, 9-10).

La puissante invective de Paul nous fournit le vocabulaire de l'adversaire et ses intentions. « Pervertir les voies droites du Seigneur » est une expression intéressante. Le Seigneur a des voies par lesquelles Il veut accéder à l'homme et veut que l'homme accède à lui. Il y a pourtant quelqu'un, il existe des forces, des réalités qui deviennent ensuite des situations, des personnes, des groupes, des cultures et des mentalités, qui s'emploient à bouleverser les voies du Seigneur.

Il est nécessaire, comme je le disais, de comprendre les analogies bibliques et le thème de l'adversaire dans les Écritures. Il nous arrive fréquemment de démoniser les personnes, les institutions ou les groupes. C'est une erreur qui nous conduit quasiment à la caricature du discours sur le démon et à la dérision d'une telle façon d'interpréter les choses.

La Bible, au contraire, par sa compréhension de l'homme, sait qu'il ne s'agit pas de personnifier Satan à travers des groupes ou des institutions. Communément, il est la réalité du mal qui envahit les cœurs des hommes et se manifeste ici ou là sans que nous puissions l'identifier avec certitude.

Si nous apprenions à nous conformer à la délicatesse, à la richesse, à la profusion analogique des Écritures, nous comprendrions les attitudes et les situations, parfois personnelles, d'où découlent la méchanceté, l'envie, le goût du mal envers autrui qui excèdent la moyenne de la faiblesse humaine ; en montrant ainsi d'ailleurs que le mal du monde est à l'œuvre avec une implacable intelligence.

– Le récit de Simon le magicien est un autre passage des *Actes*. Si l'on ne nomme pas directement Satan, sa réalité est néanmoins rappelée. Pierre et Jean sont allés en Samarie et, par l'imposition des mains, ils ont répandu l'Esprit-Saint. « Quand Simon vit que l'imposition des mains des apôtres donnait le Saint-Esprit, il leur offrit de l'argent : « Donnez-moi ce pouvoir, dit-il, à moi aussi, pour que ceux à qui j'imposerai les mains reçoivent le Saint-Esprit » (8, 18-19).

Voilà une forme d'action qui atteint gravement la substance de l'Évangile et c'est un signe d'une intelligence du mal. Il est intéressant de comparer le pouvoir que Simon le magicien désire posséder et celui que Satan offre à Jésus : « Je vais te donner toute cette puissance *(exusía)* et l'opulence de ces royaumes, car elle m'a été donnée, et je la donne à qui je veux » (*Luc* 4,6). Satan revendique pour lui l'« exusía », la conquête du pouvoir sur les choses et sur les personnes. Simon demande un pouvoir absolu qui dépasse le pouvoir des simples hommes, celui de disposer de l'Esprit-Saint. Il s'agit du même contexte de prévarication. « Mais Pierre lui répondit : "Maudit soit ton argent, et toi-même aussi, si tu crois pouvoir acheter à prix d'argent le don de Dieu ! Tu n'auras ni droit ni part à cette faveur, car ton cœur n'est pas pur devant Dieu. Repens-toi plutôt de ton méfait et prie le Seigneur que te soit pardonnée, s'il est possible, cette pensée de ton cœur. Car je te vois dans le fiel de l'amertume et les liens de la méchanceté » (*Actes* 8, 20-23).

L'atmosphère est fort bien décrite. Simon sent qu'on lui révèle son état intérieur d'amertume, de fermeture, de goût morbide du pouvoir qui le bloque et l'enferme dans sa personnalité. Une lutte pour arracher cet homme à la réalité du mal qui est en train de le conquérir définitivement.

« Simon répondit : "Priez vous-mêmes le Seigneur pour moi, afin qu'il ne m'arrive rien de ce que vous venez de dire » (verset 24).

Alors que Judas s'en retire humilié, Simon a la force de demander des prières, reconnaissant se trouver, au-delà même de ses intentions immédiates, dans une situation qui le renverse. Il voulait obtenir succès et prestige, il a troublé directement l'œuvre de Dieu.

En conclusion, *le chemin de l'Évangile est une lutte par nature ardue*. Ardue dans le cœur de l'homme et ardue dans le développement historique et mondain des voies de l'adversaire, lequel conduit à la domination du monde et de la chair, à la concupiscence, pour reprendre les mots de Jean. Le développement de l'Évangile consiste en une lutte alternée où il faut rester toujours vigilant pour dépasser un adversaire plus fort et plus intelligent que nous. C'est pourquoi il convient d'accorder sa confiance à la puissance et à la force de l'Esprit.

Souvent nos programmes, nos analyses, nos résultats ne tiennent pas compte de l'opposition qui travaille le cœur de tout homme, à partir du nôtre. Nous avançons comme s'il s'agissait de répandre une doctrine, une connaissance, un savoir dont importent surtout la perspicacité, la préparation, la pléthore de moyens, l'ampleur de la résonance, sans tenir compte de la lutte corps à corps qu'exige le fait de payer de sa personne. L'Église, à l'inverse, se sent pleinement elle-même lorsqu'elle lutte, souffre et paie de sa personne. C'est pourquoi sa souffrance est lumineuse et resplendissante.

Deux exemples de l'action de l'adversaire dans le monde

– De nos jours, plus que par le passé, l'humanité comprend que sans une certaine *unité* elle ne peut survivre et même les graves problèmes de la faim, du sous-développement, des guerres sont autant de signes d'une interdépendance économique, sociale, culturelle et politique. Elle amène à la communion entre les hommes et les peuples, elle met en évidence l'obligation de faire unité.

Un autre signe de la tension inhérente à l'histoire est représenté par les jeunes qui ressentent profondément l'exigence de surmonter toutes les barrières, d'abattre toutes les divisions dues aux différences de race, de langue, de culture et veulent se trouver partout à leur aise.

Osons dire que l'unité historique vers laquelle l'humanité se dirige irrésistiblement, même au milieu des multiples agonies et des convulsions, reflète la Jérusalem Céleste en ce monde. Unité qu'il faut construire sur tous les terrains comme vraie mission de l'homme, parce qu'elle a rapport avec la réalité éternelle de la Jérusalem Céleste ; unité qu'il faut construire dans la force de la charité qui unifie le monde.

Ici, unité en tant qu'inquiétude du genre humain et charité en tant que lamentation de l'Esprit dans les cœurs se mélangent, sans même s'identifier. Ce qui se réalise au niveau civil et social en faveur de l'unité est dévoilé, purifié et soutenu, dans ses tensions les plus profondes, par la charité qui est la force unifiante de l'humanité.

Toutefois, lorsqu'elle est inquiétude du genre humain, l'unité est ***conflictuelle***, constamment attaquée, mise en danger, ***instable***, fragile, soumise à des épreuves dramatiques. Elle ne s'impose pas tranquillement et nécessairement, mais court le risque de la confusion totale. C'est avec peine qu'on peut la voir. Il faut un esprit soutenu par la foi pour la percevoir avec clarté dans les divisions humaines.

Les forces contraires à l'unité trouvent leur explication dans l'action du malin, de ***celui qui tend à diviser***. Il est inutile de nommer aussi souvent le diable, parce que l'incompréhension peut être telle qu'elle ne permet plus de saisir ce que l'on veut vraiment dire. Je retiens cependant que la réalité dramatique de l'opposition à l'unité et à ses manifestations – violences, injustices, exploitations, génocides – doivent être indubitablement comprises comme composante spirituelle de l'humanité. Sans quoi, on ne réussirait pas à expliquer pourquoi le monde tend à l'unité et pourquoi il est perpétuellement plongé dans la division.

Les deux réalités peuvent cependant cohabiter : besoin d'unité et continuelles trahisons de celui-ci. En saisissant l'intelligence du mal qui tente de séparer et de diviser, nous pouvons mieux comprendre que nous vivons une conflictualité permanente et que dans cette lutte se joue la foi. C'est pourquoi il faut discerner les forces unificatrices et pacificatrices qui travaillent à l'unité de l'histoire au niveau social, culturel, politique, ecclésial et religieux.

La croix du Christ, instant culminant de la lutte, est le lieu où l'unité du genre humain se réalise au moment de désagrégation et d'obscurité maximales. La croix est le point le plus significatif du chemin vers l'unité et de la dramatique opposition où la colère désagrégatrice se déchaîne contre toute tentative de réelle unité des cœurs et des vies. Voici la cité humaine, voici le sens de l'existence affirmée par le christianisme. Si l'on recherche la purification et la paix, comme celle d'autrui, on ne peut parvenir à une vraie compréhension de l'histoire, hors du mystère de la Croix, dans ce contexte d' ***inexorable*** conflictualité.

– Le second exemple nous apparaît dans l'incapacité de *communiquer*.

L'homme est fait pour communiquer et pour aimer, selon le dessein créateur de Dieu. Chacun de nous vit l'immense nostalgie de pouvoir communiquer totalement et authentiquement. Aucun individu n'échappe à ce désir secret qui s'insinue dans toutes nos relations et reste présent même lorsque tout le reste semble déchu et corrompu. Jusque dans les abîmes du plus sombre désespoir et du dégoût de soi, l'envie de vraiment communiquer avec quelqu'un, de trouver une personne qui d'une certaine façon nous comprenne et nous accepte, affleure, semblable à une étoile des neiges au bord d'un précipice. Cette empreinte que nous portons en nous, c'est l'empreinte en nous de Celui qui nous a créés. Mais celle-ci témoigne de déformations que nous avons imposées à un semblable désir, à un droit si sain.

L'histoire de la descente de l'Esprit-Saint sur les apôtres le jour de la Pentecôte et de leurs capacités qui s'en suivirent pour s'exprimer, se faire comprendre dans toutes les langues (*cf. Actes* 2, 1-47) est une des images les plus efficaces du don de communication dont Dieu nous gratifie. L'Esprit suscite une extraordinaire capacité communicative, ouvre de nouveau des réseaux de communication interrompus à Babel et restitue la possibilité d'un rapport facile et authentique entre les hommes au nom de Jésus Christ crucifié et ressuscité. Il désigne l'Église comme signe et instrument de la communion des hommes avec Dieu et de l'unité du genre humain.

Mais le don de la communication peut être refusé et un des motifs qui détermine ce refus est certainement celui du manque de confiance dans la gratuité et la sincérité de l'acte communicatif. À la source du refus, il y a l'adversaire,

Satan, qui avait déjà semé le doute dans le jardin d'Eden. Il avait dit à Ève : Dieu vous a-t-il vraiment défendu de manger d'aucun arbre du jardin ? (*cf. Genèse* 3, 1). La phrase du tentateur, dans sa paradoxalité (comment est-il possible que Dieu ait interdit de manger tout fruit ?), comporte un sous-entendu : Dieu d'oit certainement avoir une bonne raison pour vous interdire d'en manger... Il se peut que sa façon d'agir ne soit pas désintéressée !

Un doute subsiste aujourd'hui et, tout comme la tentation, envahit tous les domaines. Des amitiés se cassent, des familles se séparent, des contacts s'interrompent, les pactes sacrés entre les Nations sont violés. On se sépare, on fausse la communication sociale et les nouvelles sont intoxiquées, exagérées. Une communication faussée, imparfaite, déviante bloque la communication entre les personnes et les groupes. La faute n'est pas due aux médias en tant que tels.

Il faut d'abord assainir les réseaux communicatifs interpersonnels, de groupe et sociaux. Jésus nous a indiqué la voie de la guérison, à savoir reconnaître dans son visage et dans ses paroles, la communication propre de Dieu vers l'homme. Le mystère créateur et rédempteur est un immense acte de la communication divine. Il nous manifeste un Dieu unique en Trois personnes. Ce Dieu est Silence fécond. Et la Parole peut naître et réaliser la Rencontre. Pour apprendre à communiquer, nous devons contempler la Croix, nous laisser foudroyer par le Fils crucifié. Cela suppose un combat spirituel, une vie de foi sérieuse et parvenue à maturité.

La vie de Jésus comme tentation et lutte

La vie de Jésus a été une lutte formidable, une prise de position résolue dans le grand combat contre l'adversaire.

Jésus tenté dans le désert

Les évangélistes Matthieu, Marc et Luc décrivent l'épisode de Jésus tenté dans le désert.

« Jésus fut alors conduit au désert par l'Esprit, afin d'être tenté par le diable. Il jeûna quarante jours et quarante nuits, puis il eut faim. Le Tentateur s'approcha : "Si tu es Fils de Dieu, lui dit-il, ordonne que ces pierres se changent en pains." Jésus répondit : "Il est écrit : ***L'homme ne vit pas seulement de pain, mais de toute parole qui sort de la bouche de Dieu***" (*Dt* 8, 3). Le diable l'emmena ensuite dans la ville sainte, et le plaça au sommet du temple : "Si tu es Fils de Dieu, lui dit-il, jette-toi en bas, car il est écrit : ***Dieu a donné pour toi des ordres à ses anges ; ils te soutiendront de leurs mains de peur que ton pied ne heurte une pierre***" (*Psaumes* 90, 11-12). Jésus lui dit : "Il est écrit aussi : ***Tu ne tenteras pas le Seigneur ton Dieu***" (*Dt*, 16). Le diable l'emmena encore sur une haute montagne et lui montra tous les royaumes du monde avec leur opulence : "Tout cela, lui dit-il, je te le donnerai, si tu te prosternes pour me rendre hommage. – Arrière, Satan, lui dit alors Jésus, car il est écrit : ***Tu adoreras le Seigneur ton Dieu, et tu ne serviras que lui seul.***" (*Dt* 6, 13). Cette fois le diable le laissa ; et alors des anges s'approchèrent et ils le servaient » (*Matthieu* 4, 1-11 ; *cf. Luc* 4, 1-13).

La page sur les trois tentations diaboliques que Jésus a gagnées en notre nom est riche d'enseignement. Elle a captivé les artistes, les lettrés et les poètes. Dostoïevski écrit dans *Les Frères Karamazov* :

« Supposons qu'elles aient disparu des Écritures, qu'il faille les reconstituer, les imaginer à nouveau pour les y replacer, et qu'on réunisse à cet effet tous les sages de la terre, hommes d'États, prélats, savants, philosophes, poètes, en leur disant : Imaginez, rédigez trois questions qui non seulement correspondent à l'importance de l'événement, mais encore expriment en trois phrases toute l'histoire de l'humanité future, crois-tu que cet aréopage de la sagesse humaine pourrait imaginer rien d'aussi fort et d'aussi profond que les trois questions que te proposa alors le puissant Esprit ? Ces trois questions prouvent à elles seules que l'on a affaire à l'Esprit éternel et absolu et non à un esprit humain transitoire. Car elles résument et prédisent en même temps toute l'histoire ultérieure de l'humanité. »[6]

Elles symbolisent toutes les tentations humaines, les crises, les souffrances de l'humanité.

Jésus s'engage dans le désert afin de se laisser tenter par Satan et entame une période de quarante jours de jeûne. Quarante jours qui évoquent la marche héroïque, exténuante, du peuple d'Israël dans le désert. Le désert est le lieu de la solitude, de l'égarement, de la faim, du silence et de la prière. Jésus se réfugie dans la solitude et vit le jeûne, la pénitence, l'austérité, la fatigue, la prière, le silence.

Le désert est aussi un lieu où l'on accomplit des choix, l'homme s'y trouve confronté aux questions existentielles les plus dramatiques.

Jésus commence sa vie publique et, pendant cette longue retraite, dans le silence et la solitude, il veut décider de son programme. Il ne pensera pas à lui, il ne se préoccupera pas de son corps, il ne profitera pas de son pouvoir miraculeux, mais il sera l'humble Messie, obéissant, à l'écoute de la Parole de Dieu.

Il répond de trois façons au tentateur :

– en s'appuyant à la Parole de Dieu : « *L'homme ne vit pas seulement de pain, mais de toute parole qui sort de la bouche de Dieu* » (*Dt* 8, 3) ;

– en refusant la voie facile des miracles spectaculaires, en entrant dans la voie cachée et simple du devoir quotidien : « *Tu ne tenteras pas le Seigneur ton Dieu* » (*Dt* 6, 16) ;

– en refusant tout pouvoir terrestre, tout succès mondain,

toute richesse, pour proclamer la primauté de Dieu, primauté qui est à la source de tout ce qui est juste et droit : « *Tu adoreras le Seigneur ton Dieu, et tu ne serviras que lui seul* » (*Dt* 6, 13). La négation d'une telle primauté est la racine pourrie d'une culture incapable de défendre les valeurs essentielles de l'honnêteté et de promouvoir la vie là où elle est le plus menacée.

Jésus, méprisant les flatteries, choisit la juste voie, et en abandonnant la mauvaise, il gagne pour nous. Il vit dans sa chair les tentations, refusant toutes les prérogatives et les privilèges qui pouvaient lui revenir au titre de « Roi messianique ». Il abandonne tous les avantages que la célébrité de thaumaturge pouvait lui procurer.

Le texte de Luc s'achève ainsi : « Après l'avoir ainsi tenté de toutes les manières, le diable s'éloigna de lui jusqu'au temps fixé » (*Luc* 4, 13). La tentation de Jésus au début de sa vie publique se révèle comme la prophétie de ce qui se réalisera à la fin, dans la dernière tentation sur la croix. Sa vie se déroule entre deux tentations, elle est placée entièrement sous le signe de l'épreuve.

Le bref épisode de l'évangéliste *Marc* sur les tentations de Jésus dans le désert est également intéressant, mais il diffère un peu des récits de Matthieu et de Luc :

« Aussitôt l'Esprit le chasse au désert. Et il séjourna dans le désert quarante jours, tenté par Satan. Il vivait avec les bêtes sauvages et les anges le servaient » (*Marc* 1, 12-13). Deux brefs versets, mystérieux, et toutefois riches de symboles et d'allusions.

Placé au centre de la narration, Jésus ; puis vient l'Esprit qui le pousse (qui ne le conduit pas uniquement), suivi de Satan ; les bêtes viennent en quatrième position ; et pour finir les anges.

Le ciel, la terre et l'enfer sont décrits en quelques lignes. Rares sont les textes évangéliques avec une semblable richesse de personnages terrestres, infra-terrestres, des hommes, des animaux.

Il faut ajouter aux cinq personnages quiconque écoute ces paroles, quiconque les vit. Nous sommes donc également les personnages du récit.

Nous avons déjà fait des remarques sur la durée, les quarante jours et le lieu, le désert, où la scène se déroule.

Il y a pourtant une expression très significative : ***aussitôt***. Marc utilise souvent cet adverbe : « Aussitôt qu'il sortit de l'eau, Jésus vit les cieux entrouverts » (1, 10) ; Simon et André, appelés par Jésus « Laissant aussitôt leurs filets, ils le suivirent » (1, 18) ; Jésus voit Jacques et Jean et « Aussitôt il les appela » (1, 19) ; « Aussitôt qu'arriva le jour du sabbat, Jésus entra dans la synagogue » (1, 21) ; « Aussitôt sorti de la synagogue, il se rendit à la maison de Simon » (1, 29).

La traduction de la Bible néglige parfois un tel adverbe, à l'inverse extrêmement clair et pertinent dans le texte grec. Que signifie : « aussitôt » ? Cela indique sûrement une modalité temporelle : tout de suite, sans perdre de temps, sans placer de temps au milieu, soudainement, à la hâte. Répété, il veut souligner également la modalité de l'action : une succession d'actions rapides réalisées par quelqu'un agissant avec décision, énergie, force, le contraire d'actions laborieuses. Cette façon d'agir est caractéristique des actions accomplies *sous l'impulsion du Saint-Esprit*, voilà ce que l'évangéliste entend signifier.

Il dit : l'Esprit *le poussa*. L'original grec utilise une expression plus caractéristique : « L'Esprit le jeta à l'extérieur, dans le désert. »

« Jeter dehors » pour ceux qui, comme Marc, ont une certaine familiarité avec l'Écriture, rappelle l'histoire d'Adam jeté hors de son jardin, dans un lieu qui n'est pas cultivé. Jésus reparcourt donc, dans la force de l'Esprit, le chemin ardu de l'humanité afin de la racheter, par solidarité avec l'homme chassé de l'Eden. Comme s'il voulait lui dire : Je suis avec toi, dans le lieu de la tentation, de l'épreuve, dans le lieu du silence où l'on apprécie, où l'on retrouve Dieu.

« *Il vivait avec les bêtes* » est une autre parole mystérieuse. Dans le contexte de la Bible il signifie cohabiter harmonieusement avec les forces brutes de la nature et les animaux présumés féroces. Mais il peut vouloir dire aussi reconquérir cette harmonie de l'homme avec la nature perdue lors du péché. Célèbre, le passage d'*Isaïe* : « Alors le loup sera l'hôte de l'agneau, la panthère se couchera près du chevreau... le nourrisson jouera près du trou de la vipère... » (*cf. Isaïe* 11, 6 et suivants).

Jésus, en surmontant l'épreuve des tentations, a reconquis l'harmonie avec tout ce qui, extérieurement et intérieurement, est destructeur pour l'homme et qui l'épouvante.

« *Les anges le servaient* » est une affirmation que nous avons déjà trouvée dans le récit parallèle de Matthieu (4, 11). Il s'agit de la plénitude de la communication entre le ciel et la terre, dont Jésus est le centre. L'auteur de la *Lettre aux Hébreux* écrit : « De même, lorsqu'il introduit son premier-né sur la terre : Que tous les anges de Dieu l'adorent » (1, 6).

Jésus, dans le désert, est servi par des anges comme le Fils, le premier-né. Celui qui s'est soumis à l'humiliation de la tentation est reconnu en tant que Fils de Dieu, c'est pourquoi les anges le servent.

Jésus symbolise ici tout homme qui, ayant affronté la dureté de l'épreuve, est reconnu Fils pratiquant la maîtrise sur soi, sur les forces obscures de la nature, sur les forces obscures de sa psyché, sur les forces destructrices qui s'agitent en lui. Il cohabite harmonieusement avec elles, complice avec Dieu, avec les autres hommes et avec les anges.

Les tentations de Jésus sur la croix

La dernière grande épreuve de Jésus nous aidera à mieux comprendre la première.

Jésus est sur la croix : « La foule se tenait là et *regardait*. Les magistrats *ricanaient* : “Il a sauvé les autres, disaient-ils ; qu'il se sauve lui-même, s'il est le Christ, l'élu de Dieu !” Les soldats aussi le raillaient ; ils s'approchaient, lui présentaient du *vinaigre*, et disaient : “Si tu es le roi des Juifs, sauve-toi toi-même.” Au-dessus de lui se trouvait l'inscription : “Celui-ci est le roi des Juifs.” Or, l'un des malfaiteurs ainsi suspendus l'injuriait : “Puisque tu es le Christ, sauve-toi toi même, et sauve-nous ! » (*Luc* 23, 35-39).

Remarquons la répétition du chiffre trois : trois tentations dans le désert, au début – je le répète – de la vie publique de Jésus et trois provocations qui représentent la voix de Satan, adressées à Jésus quand il est sur le point de mourir.

– « La foule se tenait là et *regardait*. Les magistrats *ricanaient* : “Il a sauvé les autres, disaient-ils ; qu'il se sauve lui-même, s'il est le Christ, l'élu de Dieu ! » (verset 35).

– « Si tu es le roi des Juifs, sauve-toi toi-même » (verset 37).

– « Or, l'un des malfaiteurs ainsi suspendus l'injuriait : “Puisque tu es le Christ, sauve-toi toi même, et sauve-nous ! » (verset 39).

Il est aisé de percevoir l'acuité et l'aspect dramatique de semblables provocations. Dans le désert, le diable avait essayé de mettre en péril le programme du Fils obéissant pleinement au Père. Puis il le tente dans sa mission, dans le programme choisi, il l'invite à profiter de son pouvoir pour ne pas mourir : Allez, profite de ton pouvoir ! Montre donc que tu le possèdes vraiment, si tu veux que nous te croyions, si tu veux que nous croyions à ton Évangile, sauve-toi !

Jésus est tenté dans ce qu'il a de plus cher, dans son œuvre qui consiste à donner la foi. S'il accepte de descendre de la croix, les gens crieront au miracle et ils croiront en Dieu !

C'est un terrible doute que Satan veut insinuer chez Jésus.

S'il descend de la croix, comment montrera-t-il l'image d'un Dieu qui choisit la mort par amour de l'homme ? Il donnera, certes, l'image d'un Dieu puissant, d'un Dieu victorieux, d'un Dieu dont on peut se servir pour nourrir ses propres ambitions. Toutefois il ne révélera plus l'image – inédite dans toute l'histoire des religions et que l'homme tout seul ne parviendra jamais à imaginer – du Dieu qui sert, qui aime l'homme au point de se priver de tout par amour pour lui et d'accepter l'anéantissement de soi.

Évidemment, Jésus ne descend pas de la croix. Il gagne de cette façon, il gagne dès le premier instant de la tentation dans le désert, quand il cite les passages de l'Écriture qui énoncent la primauté de Dieu et de sa Parole.

Le moment de la lutte dans l'Esprit

Jésus a vécu et a surmonté les tentations pour nous enseigner que la vie chrétienne est, en elle-même, une lutte sérieuse, dangereuse et son issue est incertaine.

L'Église pendant la période liturgique appelée « Carême » veut faire retrouver le sens de la vie comme refus de la tentation, en nous invitant à la vigilance. Dans le Nouveau Testament, l'exhortation « Soyez vigilants ! »

revient fréquemment. Concrètement vigilance est synonyme de sobriété, d'abstinence, de capacité de renoncement aux choses qui nous ferment et nous rendent sourds à la Parole de Dieu, en nous laissant en proie aux tentations.

La période de Carême est entièrement tendue vers le mystère central de la Pâque, mystère auquel nous avons été associés à travers le baptême et que l'on peut pénétrer toujours plus profondément au moyen de la conversion quotidienne.

Les actes suggérés par l'Église pour accomplir ce chemin du Carême, qui expriment la vigilance face à l'ennemi, sont la ***prière***, l'***écoute prolongée de la Parole*** surtout dans la liturgie, le ***silence*** et le ***recueillement***, le ***jeûne*** et l'***ascèse***.

Nous nous heurtons à une certaine difficulté quand nous entendons le mot jeûne. Une difficulté qui trouvera peut-être un soulagement dans ce texte du prophète Isaïe (*Isaïe* 58, 4b-7) :

> « Ce n'est pas en jeûnant ainsi,
> que vous ferez porter votre voix jusque là-haut.
> Est-ce là un jeûne qui me plaise,
> un jour où l'homme se mortifie ?
> Courber la tête comme un jonc,
> coucher sur le sac et la cendre :
> Pouvez-vous appeler cela un jeûne,
> un jour agréable au Seigneur ?
> Savez-vous quel est le jeûne que j'agrée ?
> dit le Seigneur Dieu.
> C'est de rompre des chaînes injustes,
> dénouer les cordes du joug,
> renvoyer libres les opprimés,
> et briser toute espèce de joug ;
> c'est de partager sa nourriture avec l'affamé,
> d'héberger les malheureux sans asile,
> de vêtir les gens déguenillés
> au lieu de se détourner de son semblable. »

Le prophète avertit que le Seigneur veut le jeûne de la charité.

Indubitablement le but du jeûne est l'amour, la charité envers tous les frères parce que la charité est la plénitude de la vie chrétienne, et son exercice est une splendide façon de se préparer à la Pâque.

Toutefois le jeûne dans son corps revêt une importance réelle, même si subordonnée.

Saint Ambroise de Milan, il y a plus de mille six cents ans, écrivait : « Le jour de la fête viendra pour nous et il approche déjà (*on devait probablement être au début d'un Carême...*) Notre victoire est la croix du Christ, notre triomphe est la Pâque du Seigneur Jésus. Mais Christ auparavant a combattu pour vaincre, non pas parce qu'il avait besoin de combattre mais pour nous apprendre à combattre. Notre lutte est le jeûne. Même le Sauveur jeûna... et opposa le jeûne à Satan pour déjouer les pièges du tentateur. »

Il continue, en exaltant la signification ascétique chrétienne du jeûne : « Grande est la force du jeûne ! C'est une lutte si merveilleuse que jeûner plut même au Christ, suffisamment efficace au point d'élever les hommes jusqu'au ciel... Qu'est-ce qu'en fait que le jeûne sinon la substance et le portrait de la vie céleste ? Le jeûne est le repos de l'âme, la nourriture spirituelle, la vie des anges, la mort du péché, l'anéantissement des fautes, le moyen du salut, la source de la grâce, le fondement de la chasteté » (extrait du traité *Elie et le jeûne*, nn. 1, 2. 4).

Devant cette exhortation, nous nous demandons : quelle signification revêt-il pour nous ? En quoi consiste le jeûne du Carême que nous sommes appelés à vivre plus intensément, bien que l'Église ait réduit aujourd'hui les exigences rigoureuses du passé ?

Nous comprenons la signification caritative et sociale du jeûne. Nous devons jeûner avant tout pour les frères qui ont faim, parce qu'en nous privant de quelque chose, nous pourvoyons aux nombreux et graves besoins des nations et des peuples dans la pauvreté. Les projets caritatifs suscitent les grandes collectes du Carême pour les missions, contre la faim, pour les pauvres.

L'aspect social du jeûne revêt ensuite un sens de dignité et de mesure : dans un monde marqué par la misère, il est juste de limiter sa nourriture et ses commodités.

Nous devons pourtant retrouver l'utilité du jeûne pour nous, l'utilité strictement ascétique pour l'exercice de notre sanctification.

Comment est-il possible, dans une société comme la nôtre, de parler encore de pratiques pénitentielles comme celle du jeûne ?

Pour répondre, il suffit de penser que le jeûne a une vaste application et, avec un peu de bonne volonté, nous pouvons lui réserver une place dans notre expérience quotidienne.

La privation de nourriture et la pénitence de la langue peuvent toucher les repas, en renonçant de temps en temps à un de ces derniers ou en le réduisant au minimum. Si nous y réfléchissons bien, il concerne également les sources de volupté auxquelles nous sommes trop habitués ; les arrêts trop nombreux au bar sans motif valable, par exemple ; le tabac, les sucreries ; les nombreux cafés durant la journée. Si nous renonçons dans ce domaine à certaines choses, cela ne nous nuira pas et nous rappellera que nous sommes en train de vivre un chemin avec Jésus vers la croix et vers la Pâque.

La pénitence des yeux et des images : c'est une autre forme de jeûne très importante pour notre bien-être spirituel.

Durant le Carême, nous devrions savoir réagir à cette épidémie que l'on nomme la « vidéo-dépendance ». La manie de vouloir tout voir, la télévision allumée des heures durant dans toutes les demeures bafoue le silence, la tranquillité au détriment notamment des enfants et des adolescents. Parfois, visitant un malade ou à l'occasion d'une visite pastorale, il m'arrive d'entrer dans les demeures et de trouver la télévision allumée. Personne ne s'en aperçoit : cela semble si évident de l'allumer que l'on n'a même plus l'idée de l'éteindre pour l'arrivée d'un hôte !

Nous sommes tous convaincus que l'utilisation sans retenue de la télévision, spécialement vis-à-vis des enfants et des adolescents, est absolument hors de mesure. Face à cette forme d'indigestion, de déséducation, nous devons réagir en apprenant à choisir avec discernement. Si nous commencions à le faire, en échappant à la tentation de penser que c'est inutile ou ridicule, nous nous apercevrions que cela a une incidence sur nos vies, sur la prière, sur les nerfs, sur la discipline des sens et de l'imagination, beaucoup plus grande que nous pensons. Il s'agit de petites choses dont dépendent les grandes, tout comme savoir élever ses enfants dépend de la capacité des familles à ne pas tout concéder, sans discernement.

Le jeûne peut ainsi être étendu à de nombreux éléments de notre vie quotidienne et peut être vécu avec simplicité par chacun de nous.

Si nous y ajoutions des moments de recueillement, de solitude, de prière plus intense, nous verrions que toutes ces choses sont reliées et progressivement ouvrent la voie à cette discipline de l'esprit qui est le contexte nécessaire pour une vie vraiment spirituelle.

Alors la charité, l'amour du prochain seraient vécus à partir d'une certaine rigueur de l'esprit qui donnerait une vérité plus grande à nos gestes d'amour ; qui les rendraient plus durables, plus sincères, plus forts, mieux armés pour vaincre les difficultés et pour surmonter les moments d'ennui et de fatigue. Parce qu'ils naîtront d'une discipline intérieure cultivée avec assiduité et courage.

Une discipline qui trempe l'homme et le prépare à la lutte pour la vie, à faire de la vie un acte réel de service et de disponibilité qui remonte, au travers de l'Église, jusqu'aux persécutions et au martyre.

La conflictualité permanente de la vie chrétienne

– Une parabole évangélique nous présente, au sujet de la lutte spirituelle, la concurrence acharnée entre le bon grain et l'ivraie :

« Alors, il congédia la foule. Puis il regagna la maison, et ses disciples se groupèrent autour de lui : « Explique-nous, dirent-ils, la parabole de l'ivraie dans le champ » (*Matthieu* 13, 36).

Il existait une parabole qui avait mis en difficulté les disciples qui espéraient encore en un Jésus triomphateur et restaurateur politique, parce qu'elle disait : « Le royaume des cieux est semblable à ceci : Un homme avait semé du bon grain dans son champ. Mais à l'heure où reposent les hommes, son ennemi vint semer l'ivraie parmi le froment, et s'en alla. Quand la tige eut monté en épi, l'ivraie parut aussi. Les serviteurs du propriétaire vinrent lui dire : "Maître, n'as-tu pas semé du bon grain dans ton champ ? Comment alors donne-t-il de l'ivraie ? – C'est, leur dit-il, un ennemi qui m'a fait cela. Les serviteurs alors de lui dire : "Veux-tu ? Nous irons l'arracher. – Non, fit-il ; en arrachant l'ivraie, vous risqueriez d'enlever aussi le froment. Laissez-les croître ensemble jusqu'à la moisson. Au temps de la récolte, je dirai aux moissonneurs : Arrachez d'abord l'ivraie, liez-la en gerbes pour la brûler. Vous rentrerez alors le froment dans mon grenier » (*Matthieu* 13, 24-30).

Jésus, à la demande des siens, explique :

« Celui qui sème le bon grain, c'est le Fils de l'homme ; le champ, c'est le monde ; le bon grain, ce sont les fils du royaume ; l'ivraie, ce sont les fils du Malin ; l'ennemi qui l'a semée, c'est le diable ; la moisson, c'est la fin du monde ; les moissonneurs, ce sont les anges. Et comme on arrache l'ivraie pour la jeter au feu, ainsi en sera-t-il à la fin du monde. Le Fils de l'homme enverra ses anges qui enlèveront de son royaume tous les scandales et ceux qui font du mal, et ils les jetteront dans la fournaise ardente ; là seront les pleurs et les grincements de dents. Alors aussi, dans le royaume de leur Père, les justes resplendiront comme le soleil. À bon entendeur d'entendre ! » (*Matthieu* 13, 37-43).

Le bon grain et l'ivraie tendent à vivre tous deux et l'ivraie essaye de faire suffoquer le bon grain. L'existence chrétienne ne doit pas être comprise comme un simple chemin éducatif qui va crescendo vers la lumière. C'est *une lutte incessante entre la lumière et les ténèbres*, entre le bien et le mal, une lutte dure et éreintante qui met à l'épreuve notre foi, notre espérance et notre charité. C'est un chemin conflictuel.

La parabole nous enseigne simultanément que ce n'est pas à nous de juger, mais au contraire d'accepter cette situation pénitentielle, *en résistant, en supportant*. Résister au mal n'est pas un combat banal.

Augustin d'Hippone a souvent commenté la parabole de l'ivraie pour se défendre de l'accusation de certains individus zélés dénonçant sa communauté d'être tiède et paresseuse. À cette époque la religion chrétienne, une fois les persécutions achevées, n'était pas seulement tolérée, mais bien au contraire protégée ; et c'est pourquoi les gens avaient intérêt à se faire baptiser. Surgissent alors les difficultés d'une Église de masse qui recueille tout le monde : les personnes dont la foi est parvenue à maturité, les faibles, les dépourvus, les enthousiastes et les zélés, les tièdes et les lents commençants.

Jésus nous avertit pourtant dès le début que cette communauté est également chrétienne. Il est vrai que dans d'autres passages de l'Évangile de Matthieu il nous dira qu'aux maux extrêmes il faut remédier avec des solutions radicales. Par exemple, quand le frère n'écoute ni en privé, ni face à deux témoins, ni face à l'assemblée, il faut l'éloigner (*cf. Matthieu* 18, 15-17). Il reste pour autant vrai que l'Église prononce l'excommunication seulement pour des motifs très graves, dans des cas absolument extraordinaires. Autrement, elle supporte, et supporter est difficile.

Troisième enseignement de la parabole : nous devons sentir ***le drame de la lutte*** entre Dieu et Satan qui est en train de se dérouler dans l'histoire. Un combat sans exclusion de coups, pour lequel Jésus meurt sur la croix.

Pas de trêve, pas d'armistice entre la lumière et les ténèbres : elles s'affrontent jour et nuit, du soir au matin et du matin au soir. Quand vous vous levez, la lutte est déjà au chevet de votre lit, elle ne vous abandonne même pas la nuit. Tout se déroule à l'intérieur de nous. Nous sommes le premier champ où sont semés le bon grain et l'ivraie. Nous devons affronter chaque réveil avec un cœur nouveau.

Aucune tentation, aucune épreuve n'est épargnée à ceux qui vivent l'Évangile.

– Le terme « épreuve » utilise un lexique très riche dans la version grecque du Nouveau Testament, ce qui est significatif.

Peirasmós, qui signifie également « tentation », est souvent traduit par « épreuve » : « Vous, vous avez persévéré avec moi dans mes épreuves » dit Jésus aux apôtres dans *Luc* 22, 28. En lui-même, le terme souligne que nous sommes tentés en nous et en dehors de nous, par notre sensualité, notre avarice, notre vindicativité, des circonstances extérieures ou bien par le Malin qui essaye de nous troubler et de nous emporter.

Un autre terme très fréquent : ***thlipsis*** c'est-à-dire « tribulation », « oppression », le fait d'être écrasé entre deux poids jusqu'à étouffer.

Dans l'Ancien Testament, on retrouve le terme ***diogmos***, « persécution » d'où la référence à une puissance externe qui persécute, talonne, nous donne la chasse.

Enfin, ***asthéneia*** désigne toutes les formes importantes de faiblesse qui rendent difficile la poursuite du chemin.

Le péché, par exemple les faiblesses morales : « En effet, au temps où nous étions encore dans la faiblesse », en grec ***asthenôn***, faibles, « le Christ, au moment voulu, est mort pour des impies » (*Romains* 5, 6). Des faiblesses physiques, comme des maladies, parfois redoutables. Toutes les faiblesses psychiques, éclatantes ou cachées, qui nous oppressent, des blessures intérieures, petites et grandes, qui nous troublent en nous empêchant de vivre tranquillement, qui interfèrent dans les rapports avec les autres, en les gâchant. Toutes les formes de faiblesses sociales, à savoir le fait de ne pas détenir de pouvoir et de devoir dépendre de ceux qui en ont.

Puisque nous avons choisi la parabole du bon grain et de l'ivraie, je voudrais rappeler un autre détail intéressant : le mot ***peirasmós*** est rattaché plusieurs fois avec le mot ***upomoné***, c'est-à-dire patience, persévérance. Souvent, lors de l'épreuve, on ne peut que résister, rester (***ménein***) sous (***upo***), et c'est déjà une victoire.

– Nous pourrions penser aux nombreuses épreuves vécues par Jésus, en dehors des tentations du diable même.

Les épreuves personnelles. Les pharisiens demandent un signe du ciel et Jésus « gémissant dans son cœur, dit : "Pourquoi cette engeance demande-t-elle un signe ? » (*Marc* 8, 12). Quand on apporte à Jésus l'épileptique possédé que les disciples n'ont pu guérir, il s'exclame : « Engeance incrédule, jusques à quand resterai-je auprès de vous ? (*Marc* 9, 19). Il est étonnant de l'entendre dire : « J'en ai assez de vous. » Le passage le plus bouleversant est dans *Marc* 14, 33-34, quand Jésus se dirige vers le mont des Oliviers dans un lieu nommé Gethsémani, il prend avec lui Pierre, Jacques et Jean et puis : « il se trouve saisi de frayeur et d'angoisse. Et il leur dit : "Mon âme est triste à en mourir ; demeurez ici et veillez. » Jésus est parvenu au moment où l'on voudrait tout abandonner et il nous demande, au travers de la demande faite à Pierre, Jacques et Jean, de ne pas le laisser seul, mais de partager d'une certaine façon son épreuve.

Les épreuves politiques et sociales. Jésus a eu contre lui toutes les autorités. Aucune ne l'a vraiment compris et dès le début les chefs politiques et religieux ont au moins éprouvé vis-à-vis de lui de l'embarras. Il n'a rien contre les autorités, il ne se sert jamais de sa popularité pour monter les gens contre elles, il ne désobéit pas aux lois. La malveillance à son égard qui conduira les chefs à le faire crucifier est inexplicable et doit être vue sous l'éclairage du plan divin de salut. Mais Jésus ne se laisse pas arrêter par les autorités. Par exemple, alors qu'au terme de son difficile discours à la synagogue de Capharnaüm, il est chassé hors de la ville et conduit sur la crête d'une colline afin de le précipiter en bas : « Mais lui, passant au milieu d'eux, s'en alla » (*Luc* 4, 30).

Les épreuves familiales. Les frères et les parents de Jésus ne le comprennent pas et ne lui procurent aucune consolation. Quand ils entendent dire, qu'à cause de la foule qui le cherchait, il n'avait même plus le temps de manger, ils vont le chercher car ils pensent qu'il a perdu la raison (*Marc* 3, 20-21).

La preuve la plus dure pour Jésus est due à l'incompréhension des disciples, de ceux qu'il avait choisis afin qu'ils soient avec lui. Marc au chapitre 14, verset 18 et suivants décrit bien l'insuccès de l'amitié, expérimenté par Jésus. D'abord le traître, Judas, puis la fuite des autres apôtres et le reniement de Pierre. Ses amis les plus chers, les plus aimés, l'ont abandonné , enfin ils n'ont rien fait pour lui alléger l'épreuve.

Jésus a vécu deux douleurs profondes : l'échec dans la prédication et dans l'amitié. Les siens, les apôtres, les disciples n'avaient pas assimilé dans leur cœur le message du Christ jusqu'à ce qu'il donne sa vie pour eux. C'est le centre de l'Évangile : il faut que le Fils de Dieu donne sa vie afin que les hommes puissent comprendre l'amour du Père.

Comment affronter le combat spirituel

Pour affronter et vivre au quotidien le combat spirituel d'une foi adulte, il faut avant tout ***accueillir complètement le discours de Jésus sur le règne de Dieu***, et l'accueillir comme une intuition divine, et non pas comme un simple fait. Saint Paul écrit à la communauté de Corinthe : « Le langage que parle la croix est une folie pour ceux qui vont à leur perte, tandis que pour ceux qui sont sauvés, pour nous, c'est une puissance de Dieu » (*I Corinthiens* 1, 18). C'est un langage capable de diviser les gens, de faire hausser les épaules à certaines personnes qui le refusent alors que d'autres parviennent à assimiler le message évangélique.

Laissons-nous aider par la figure de *Pierre qui n'accepte pas le mystère de la croix*. Pierre est celui, qui au début, hausse les épaules. Il comprendra Jésus seulement après sa mort en devenant apôtre, martyr, « pierre » de l'Église. La difficulté vécue par lui symbolise toutes les nôtres face au combat, à la lutte spirituelle. Paul aussi le vit quand il commence à prêcher. Il se borne à parler de Jésus comme d'un homme extraordinaire, qui faisait le bien, qui guérissait. Mais il néglige le discours de la croix . À Athènes, ville du raffinement culturel, il s'exprime à la façon des sages philosophes sans jamais nommer les difficultés de la vie chrétienne, l'engagement à entrer dans le mystère de la croix. Son discours est un échec retentissant ; il quitte Athènes, se rend à Corinthe le cœur plein d'amertume, déçu. Il comprend alors qu'il s'est trompé en marginalisant le témoignage de l'Évangile. Sa *Première Lettre aux Corinthiens* est un splendide hymne à la sagesse de la croix.

Toujours au sujet de *Pierre*, nous lisons chez Marc : « Et Jésus se mit en route avec ses disciples vers les bourgs de Césarée de Philippe. Chemin faisant, il leur posa cette question : "Qui les gens disent-ils que je suis ?" Et les disciples de répondre : "Jean Baptiste ; d'autres, Elie ; et d'autres, l'un des prophètes." Alors Jésus leur demanda : "Mais vous qui dites-vous que je suis ?" Pierre prit la parole : "Tu es le Christ", lui dit-il. Alors Jésus prescrivit formellement de ne rien révéler de lui-même à personne. Il commença dès lors à leur apprendre que le Fils de l'Homme devait beaucoup souffrir, être rejeté par les anciens, les grands prêtres et les scribes, être mis à mort et ressusciter après trois jours. Et il déclarait ces choses ouvertement. Pierre le prit à part et se mit en devoir de le reprendre. Mais Jésus se retourna, et voyant ses disciples, réprimanda Pierre : "Marche derrière moi, Satan ! dit-il car tes pensées ne sont pas celles de Dieu mais celles des hommes » (*Marc* 8, 27-33).

L'épisode est clairement divisé en deux parties : la première contient les questions de Jésus aux disciples ; la deuxième, le discours de la croix et la réaction négative de Pierre.

– *Le contexte géographique* du passage de Marc nous est donné brièvement : Jésus part vers le nord, nord-est de la Galilée, avec ses disciples vers les villages aux alentours de Césarée de Philippe. Une zone qui n'est pas nommée ailleurs dans les Évangiles mais habitée, au moins semblet-il, par des païens. Jésus n'est pas connu dans ces lieux et personne ne prête attention à lui. C'est pourquoi il peut s'occuper tranquillement de ses disciples en se consacrant à leur formation.

– *L'interrogation* : Jésus les forme non seulement à travers ses enseignements, mais par des exercices pratiques en faisant ressortir chez chacun des apôtres quelque chose d'important. Il pose alors une question décisive : « Qui les gens disent-ils que je suis ? » (verset 27).

– *La réponse* évoque certaines figures d'hommes de Dieu, des personnes qui parlent au nom du Seigneur, comme Jean Baptiste, Elie, et d'autres prophètes. Les gens interprètent justement Jésus selon une catégorie religieuse et prophétique : c'est un homme qui est parmi nous au nom de Dieu.

– *La réplique* : Toutefois, Il insiste : « Mais *vous*, qui dites-vous que je suis ? » (verset 29). Jusqu'où arrive la connaissance que vous avez de moi ? Nous imaginons facilement qu'à cette nouvelle question a fait suite un silence un peu gêné, craintif de la part des apôtres. Puis à un moment donné pourtant, a lieu le propos fulgurant de Pierre : « Tu es le Christ. » Les autres sont des prophètes partiaux, des médiateurs pour certaines époques de l'histoire. Toi, tu es le médiateur absolu, la clé de l'histoire, tu es celui qui résume en soi toute l'histoire précédente et explique celle à venir.

La réponse de Pierre est à la hauteur, un grand acte de foi. Cependant Jésus n'est pas satisfait. Il ne nie pas l'affirmation, mais veut qu'on ne parle pas de lui avant d'avoir clarifié ce que l'on doit entendre par : « Le Christ. » Il me vient à l'esprit le Sermon sur la Montagne : « Ceux qui me disent : Seigneur, Seigneur, n'entreront pas tous dans le royaume des cieux ; mais bien celui qui fait la volonté de mon Père qui est dans les cieux » (*Matthieu* 7, 21). Celui qui m'a proclamé Christ ne doit pas penser s'être sauvé s'il ne comprend pas la signification d'une telle parole.

– « *Il commença dès lors à leur apprendre que le Fils de l'Homme devait beaucoup souffrir* » (verset 31).

On entre dans la deuxième partie du passage et Jésus prononce un enseignement nouveau qu'il n'a jamais exprimé jusqu'alors et qu'il adoptera par la suite.

Dans le cœur des apôtres, la confusion voit le jour, parce que Fils de l'Homme est le titre d'une célèbre page du prophète Daniel, où le Fils de l'homme apparaissait dans les nuées du ciel comme le terme glorieux du chemin du peuple de Dieu, comme la résolution de toutes les tragédies historiques dans une glorification de l'œuvre divine (*cf. Daniel* 7, 13-14).

Mais selon Jésus, ce Fils de l'homme « devait beaucoup souffrir ». La parole est dure, même si elle reste dans le vague et qu'elle évoque la douleur. Le Christ n'a pas un destin de succès ni la capacité de tout renverser en sa faveur.

La souffrance est spécifiée : il souffrira au sens qu'il sera rejeté.

C'est très pénible pour un homme d'être *rejeté* ; nous pouvons avoir des maladies douloureuses et pourtant les autres sont à nos côtés, nous acceptent. La souffrance de Jésus est plus douloureuse parce qu'il s'agit d'expérimenter l'ostracisme, le refus des gens.

Non un refus de la part des pécheurs ni même des personnes distraites qui ne connaissent pas Dieu, mais de la part de trois catégories d'hommes : les anciens, les grands prêtres, les scribes. C'est-à-dire de la part du pouvoir politique, religieux, intellectuel et culturel. Il sera banni de tout ce qui représente le prestige, la responsabilité publique et civile.

– Et « *Être mis à mort.* » Jésus sera éliminé et sa mission se conclura ainsi.

– « *Et après trois jours ressusciter.* » Maintenant le discours est ardu et dépasse toutes les expériences possibles. Pourquoi tant souffrir pour ressusciter ensuite ? Que signifie ressusciter ?

Jésus « *déclarait ces choses ouvertement* » (verset 32). Les paroles déversées dans les cœurs égarés des disciples leur font comprendre que, peut-être le Maître avait déjà fait allusion de façon voilée au thème. Ils commencent à comprendre, par exemple, les paraboles précédentes : le règne de Dieu est comme une semence qui est piétinée par les gens, étouffée par les broussailles, picorée par les oiseaux. Jésus parlait de la Parole, mais parlait aussi de lui, de son chemin vers la Croix. Le Règne des cieux est comme un grain de moutarde, auquel personne ne fait attention, que l'on jette et tout à coup fleurit de façon inattendue. Jésus parlait de lui (*cf. Marc* 4, 1-7 30-32).

Le discours du règne de Dieu s'éclaircit : c'est le discours du Christ, Seigneur, Sauveur, qui passe à travers la pauvreté et l'indifférence manifestées à propos du Règne.

Jésus reprendra constamment, le reste de sa vie, ce thème. Il le reprendra après sa mort, en particulier dans l'Évangile de Luc en parlant aux disciples d'Emmaüs : « Ô gens sans intelligence ! Comme votre cœur tarde à croire tout ce qu'ont dit les prophètes ! Ne fallait-il pas que le Christ souffrît ainsi pour entrer dans sa gloire ! » Puis, à partir de Moïse, en passant par tous les Prophètes, il leur expliqua dans toutes les Écritures ce qui le concernait » (*Luc* 24, 25-27).

Ce n'est pas un discours banal : souffrir, être repoussé, être tué, ressusciter. Il est synthétique et on peut le développer en rappelant l'enseignement de Moïse et des prophètes. Discours chrétien par excellence, il faut lire la Bible comme résumé à travers Jésus crucifié et ressuscité. « Voilà bien ce que je vous disais lorsque j'étais encore avec vous, affirmant que devait s'accomplir tout ce qui est écrit de moi dans la Loi de Moïse, les prophètes et les *Psaumes*." Alors il leur ouvrit l'esprit pour leur faire comprendre les Écritures : "Ainsi leur dit-il, il est écrit que le Christ devait souffrir et ressusciter des morts le troisième jour » (*Luc* 24, 44-46). Voici la façon dont les Écritures présentent Jésus. Voici ce que signifient les paroles : « Et il déclarait ces choses ***ouvertement***. »

L'Église primitive le reprendra, Paul le répétera et constituera l'affirmation centrale du *Credo* : Pour nous, Il se fit homme, il souffrit sous Ponce Pilate, mourut, fut enterré et, selon les Écritures ressuscita.

Quand nous disons : Jésus est la solution de tous les problèmes humains, peut-être nous ne le comprenons pas vraiment. Jésus résout les problèmes humains par sa souffrance, sa mort, sa résurrection. Seulement si nous le suivons sur cette route avec un dévouement confiant, nous pouvons prononcer véritablement ces mots.

– « *Pierre le prit à part et se mit en devoir de le reprendre.* » Que Jésus se fasse réprimander par un apôtre est un cas unique dans les Évangiles. Un épisode semblable se déroule dans la demeure de Béthanie, quand Marthe fait des reproches au Maître parce que sa sœur ne l'aide pas ; mais Marthe, à ce moment-là est nerveuse, irritée et dit tout ce qui lui passe par la tête. Ce n'est pas le cas de Pierre, il a fait clairement une profession de foi, mais pas à ce point.

Qu'a pu dire Pierre dans son reproche ? Je pense que nous pouvons le trouver dans le livre de Job (*Job* 10, 18) :

> « Pourquoi m'as tu fait sortir du sein ?
> Je serais mort ; aucun œil ne m'aurait vu. »

Ou alors dans les paroles des disciples d'Emmaüs : Nous avions l'espoir que ce serait lui qui restaurerait Israël, qui nous donnerait la victoire, le triomphe, le succès, mais rien de tout cela (*cf. Luc* 24, 21).

Pierre aura averti Jésus qu'il était en train de perdre ses amis, quand, parlant ainsi, il ne se serait pas fait reconnaître ; qu'il était en train de présenter une image de soi et de Dieu que les apôtres n'auraient pas acceptée. Dieu, disait Pierre, est le Dieu de la gloire, le Dieu qui renverse les ennemis, alors que tu me parles d'être repoussé et de perdre.

Nous sommes au moment dramatique du discours de la croix, parce que l'homme, même un homme du début de l'Église comme Pierre, veut un Dieu qui soit uniquement succès, triomphe, et n'accepte pas que la semence tombe à terre et meure, n'accepte pas que la levure disparaisse dans la pâte ni le grain de moutarde dans le sol.

– « ***Mais Jésus se retourna, et voyant ses disciples, réprimanda Pierre : "Marche derrière moi Satan!*** dit-il » (verset 33).

Il est inédit que le Seigneur appelle quelqu'un « Satan » dans les Évangiles. Il ne l'avait jamais fait, même avec les plus grands pécheurs, même avec les scribes et les pharisiens. Sa parole est incroyablement tranchante.

Que veut-il dire ? Que Pierre, en repoussant, le discours de la Croix, refuse d'ouvrir à l'humanité les chemins de la vie. Tout comme Satan, qui ne veut pas le bien de l'homme, puisqu'il est depuis le début meurtrier, envieux. Il ouvre à l'homme les chemins de la mort. Mais il y a plus : toi, Pierre, continue Jésus, tu penses interpréter Dieu ; mais mon Dieu, mon Père, aime l'homme au point de donner son fils à la mort. Dieu le Père aime l'homme au point de donner son fils même si l'homme le repousse. Il l'aime tant qu'il lui offre le pardon.

C'est l'image de Dieu même qui est en jeu, une image qui chez Pierre est encore faussée, caricaturée, confuse. Elle est faussée pour nous également car elle nous conduit souvent à de mauvaises conclusions sur la vie.

Nous qui professons, dans le ***Credo*** : « Dieu Père tout-puissant, créateur du ciel et de la terre », nous ne possédons pas la vraie image de Dieu tant que nous n'avons pas fait le pas chrétien et évangélique de l'accueil du chemin de la Croix.

– « ***Car tes pensées ne sont pas celles de Dieu, mais celles des hommes.*** » C'est le grand mot d'Isaïe : « Car mes pensées ne sont pas les vôtres, et vos façons d'agir ne sont pas les miennes » (55, 8).

Pierre veut détourner les chemins de Dieu, il lui dit comment il doit être, comment il attend que Dieu soit. Mais c'est Dieu qui se révèle à l'homme : Je suis là pour toi, Je suis avec toi, Je suis Jésus crucifié et ressuscité.

Dieu s'identifie avec la figure du Christ ressuscité, non par une quelconque idole victorieuse, un quelconque symbole de bien-être, une quelconque promesse pseudo-messianique. Dieu s'identifie seulement avec Jésus crucifié, mort et ressuscité.

Le saut qualificatif dans la foi demandé à Pierre est proposé à chacun de nous. L'existence chrétienne ne signifie pas s'offrir à l'échec, à l'insuccès par goût masochiste de la souffrance. Elle exige au contraire une complète disponibilité du cœur, qui accepte d'être refusée par les autres et soit persévérante jusqu'au bout. Le chrétien n'est pas uniquement engagé dans la passion de Jésus pour le monde parce qu'il aide ceux qui souffrent, parce qu'il est efficace dans la lutte contre l'injustice, mais parce qu'il est disposé à se laisser remettre en question comme personne, à se laisser emporter par la vocation évangélique au point de devenir lui-même Parole refusée.

Le plus grand des services que le chrétien doit accomplir est celui de Jésus : offrir la disponibilité de Dieu pour l'homme, vivre la disponibilité de l'amour et de l'écoute en acceptant toutes ces conséquences. En d'autres mots, le ***sacrifice chrétien*** est de servir – comme l'écrit Paul dans la *Deuxième Lettre à Thimothée* (4, 6) – c'est l'offrande de sa vie et de son engagement. Ce paradoxe difficile à exprimer et que nous ne devons pas formuler à la légère, n'est pas le fruit de nos efforts, mais est provoqué en nous par l'Esprit.

C'est par la prière, la supplication que nous parvenons seulement à comprendre quelque chose de la passion de Jésus, de sa vie traversée de tentations et d'épreuves. C'est une étape décisive de la conversion, qui nous permet d'entrer dans la passion du monde, en donnant un sens aux efforts de l'homme pour améliorer les chemins de l'humanité. C'est le fruit du combat spirituel au quotidien.

L'armure de ceux qui luttent

La fragilité et la vulnérabilité de l'homme sont telles qu'il est nécessaire d'avoir une ***armure*** si l'on souhaite s'engager dans la lutte de l'ennemi de Dieu, l'adversaire de l'Évangile.

Servons-nous d'un texte fondamental de saint Paul dans la *Lettre aux Ephésiens* :

« Au demeurant, fortifiez-vous dans le Seigneur, par sa puissance souveraine. Revêtez l'armure de Dieu pour être à même d'affronter les ruses diaboliques ; car ce n'est pas contre des êtres de chair et de sang que nous avons à lutter, mais contre les Principautés, contre les Puissances, contre les Princes de ce monde ténébreux, contre les forces spirituelles du mal (répandues) dans les airs. Endossez donc l'armure divine afin de pouvoir résister les jours mauvais et tenir bon, ayant fait tout votre devoir. Oui, tenez bon *les reins ceinturés de vérité, le corps cuirassé de justice, les pieds chaussés de zèle pour annoncer l'Évangile de la paix*. Tenez surtout *le bouclier de la foi* où viendront s'éteindre tous les traits enflammés du Malin. Prenez enfin *le casque du salut et le glaive de l'Esprit*, qui est la *parole de Dieu*. En tout temps priez par l'Esprit en multipliant invocations et supplications. Passez-y vos veilles avec une entière persévérance en priant pour les saints ; pour moi aussi, afin qu'il me soit donné, lorsque j'aurai à parler, d'annoncer hardiment le mystère de l'Évangile dont je suis l'ambassadeur enchaîné ; qu'ainsi j'aie l'audace d'en parler comme il se doit » (6, 10-20).

C'est une page très dense avec diverses métaphores. Il faut comprendre quelles réalités il voulait annoncer à travers elles à la communauté d'Éphèse, une communauté enthousiaste, au dire de Paul, dans les chapitres précédents de la *Lettre,* et qui se demandait : comment faut-il faire pour vivre vraiment selon le plan d'amour salvateur de Dieu ?

– Paul répond d'abord par deux exhortations : fortifiez-vous dans l'Esprit et revêtez l'armure de Dieu.

L'exhortation à s'armer se retrouve dans deux autres lettres de Paul (*Romains* 13, 1 2 et *II Corinthiens* 10, 4), mais il y développe davantage la métaphore de la panoplie, de l'armure complète du serviteur de Dieu, de celui qui veut lutter à la manière de Jésus et en compagnie de Jésus.

Dans la seconde partie du texte, nous est expliqué le motif des deux exhortations. Nous devons nous armer parce que notre lutte est une lutte spirituelle contre les Principautés, les Puissances, les esprits malins. Nous pouvons facilement transposer ces expressions dans une réalité compréhensible, car elle est une évidence quotidienne. Nous devons vivre dans une atmosphère – l'espace entre terre et ciel – envahie d'esprits malins et d'ennemis de Dieu, qui est contraire à l'Évangile. Cette atmosphère est encombrée de puissances contraires au Christ et la lutte s'annonce difficile. Cette mentalité est à la fois fruit de la puissance du mal et de l'homme subjugué par la puissance du mal, ce qui nous menace de tous côtés.

– Dans une troisième partie, l'armure est décrite par six métaphores : la ceinture, la cuirasse, les pieds chaussés, le bouclier, le cas que, le glaive. Avant celles-ci, il y a une autre exhortation : « Tenez bon », tout comme une personne prête à la bataille.

La première métaphore concerne *les reins ceinturés de vérité*. Quelle vérité peut nous servir d'arme ? Pour bien comprendre, remarquons que cette métaphore ainsi que les autres sont largement puisées dans l'Ancien Testament. Celui qui écrivait en connaissait par cœur des passages entiers et en supposait la connaissance par ses lecteurs.

Deux passages sont surtout utlisés pour la description : le premier est extrait d'*Isaïe* 11, le rejeton de la souche de Jessé, dont on décrit l'apparence, la façon de se présenter et de combattre ; le deuxième passage est tiré d'*Isaïe* 59, où l'on décrit, à un endroit, l'armure de Dieu. Dans l'Ancien Testament, nous trouvons ou celle de Dieu ou celle de son messager, le favori de Dieu.

Ici l'armure est transférée au serviteur de Dieu, à celui qui suit Jésus. *Isaïe* 11, 5 dit : « La justice sera comme une ceinture à ses reins, la loyauté entourera ses flancs. » Dans la version de la Bible des Septante le terme utilisé est *alèthèia*, la vérité, et le texte grec le reprend exactement.

La vérité dont se drape celui qui combat à la manière d'un vêtement lesté, est cohérence, fidélité ; c'est un style de vie et une action cohérente.

Pour pouvoir combattre l'atmosphère pestilentielle dans laquelle nous vivons, il faut être armé d'une profonde ***cohérence*** entre ce que nous proclamons et ce que nous devons entièrement vivre entre nous.

Il est vrai qu'une comparaison entre cohérence extérieure et intérieure permettra de reconnaître parfois que nous sommes loin de ce que nous disons. Mais le reconnaître avec humilité est déjà un aspect de la cohérence, une façon de montrer que nous désirons l'atteindre.

La métaphore suivante désigne le corps cuirassé de justice. Dans *Isaïe* 59, 17, on décrit l'armure de Dieu. Dieu est revêtu de justice à la manière d'une cuirasse.

La justice est exprimée comme l'activité de Dieu qui sauve les pauvres et humilie les pécheurs. Dieu accomplit avec impétuosité ses actions, Il est salut et punition. Dans notre situation, nous devrions la traduire par la participation au zèle du Christ ***pour la justice du Père***. Cette cuirasse qui nous revêt totalement, qui nous protège, qui fait crier au Christ dans les rues de Palestine : « À Dieu ce qui est à Dieu. » Cette cuirasse qui lui fait proclamer la justice du Père est, comme justice, l'œuvre de salut pour ceux qui se repentent et le châtiment pour ceux qui ne le font pas. Pour nous, participer intimement au zèle du Christ pour la justice du Père, c'est la cuirasse dont nous sommes revêtus et qui nous protège des ennemis.

La troisième métaphore est celle des ***pieds chaussés de zèle*** prêts à partir pour l'annonce de l'Évangile de la paix. L'image indique la ***rapidité*** à porter l'Évangile : « Qu'ils sont beaux sur les montagnes, les pieds du messager qui annoncent le bonheur » (52, 7).

Hors de la métaphore, on indique l'***ardeur***, le désir de prêcher l'Évangile, en sachant qu'il est bénéfique pour les hommes et leur apporte la paix. Tout comme la joie de ceux qui ont trouvé un trésor : la femme qui retrouve la pièce d'argent et qui appelle ses voisines pleine de joie (*Luc*

15, 8). C'est une caractéristique importante du ministère de l'Évangile, surtout aujourd'hui, où le « pluralisme » – quand il devient pluralisme philosophique, culturel, religieux – semble ôter d'une certaine façon l'ardeur d'annoncer l'Évangile.

Certains voudraient presque remplacer et corriger l'impératif de Matthieu : « Allez donc, enseignez toutes les nations » (*Matthieu* 28, 19). Il y a des valeurs partout et, dit-on, porter le message compte moins qu'écouter humblement ce que les autres ont à nous dire. On risque de perdre de cette façon l'exaltation à prêcher l'Évangile de la paix.

Nous nous demandons s'il n'y a pas une solution à cette difficulté. Il y en a une et ce n'est certainement pas celle qui consiste à abolir le pluralisme. Je crois plutôt que, plus le dialogue croît, plus l'approfondissement de la vie évangélique doit également croître. Si ces deux réalités se développent simultanément, il est possible de concilier un immense respect pour toutes les cultures, races et valeurs, avec une immense ardeur à porter l'Évangile, ce dernier étant une proposition transcendantale qui ne peut être mesurée avec aucune autre valeur mais se montre capable de les illuminer et de les transformer toutes.

Quatrième métaphore : en toutes occasions, empoignez *le bouclier de la foi*. Les dards enflammés lancés par le malin (l'expression est empruntée au psaume 11) représentent la mentalité du monde du péché qui, du matin au soir, nous entoure et nous invite à interpréter des choses et des situations de notre vie avec des mesures exclusivement psychologiques, sociologiques et économiques, qui nous assaillent de toutes parts pour nous enlever le trésor de la foi.

Pour s'opposer à une semblable mentalité, il y a le bouclier de la foi, la considération évangélique de la réalité humaine, dans toutes ses dimensions.

La cinquième métaphore porte sur *le casque du salut*, le casque de l'œuvre salvatrice, comme l'indique le texte grec.

L'expression vient d'*Isaïe* 59, 17, et à travers le prophète elle veut dire que Dieu est prêt à sauver. Le grec possède un verbe, ***déxasthe***, qui signifie accepter le casque du salut, accepter l'action salvatrice de Dieu en vous comme unique protection, unique espoir. Le casque protège votre tête parce qu'elle est essentielle.

La sixième métaphore a trait au ***glaive de l'Esprit*** qui est la parole de Dieu. Qu'est-ce que le glaive de l'Esprit ? *Isaïe* 49, 2 parle de « ma bouche semblable à un glaive tranchant » ; ***Hébreux*** 4, 12 parle de « la parole de Dieu [...] plus affilée qu'un glaive » ; enfin *Isaïe* 11, 4 dit que « du souffle de ses lèvres il fera mourir le méchant ».

La parole de Dieu n'est pas ici le ***logos***, la prédication, mais le ***rêma***, les oracles divins.

Comme « glaive de l'Esprit », je penserais moins à la prédication de Jésus, qu'à sa lutte contre Satan, quand il se défend en citant les oracles de Dieu : « Il est écrit... » Les oracles de Dieu furent pour lui, et sont pour nous, une défense.

Quand nous sommes assiégés par la mentalité du monde qui voudrait nous faire interpréter toutes les choses de façon purement humaine, nous devons recourir aux grands oracles de Dieu dans la Bible pour avoir une parole pleine de clarté sur ces choses et repousser les interprétations erronées de l'histoire du monde et de notre existence.

– Dans la partie finale du texte, on trouve une ***exhortation très intense à la prière***. Nous avons dit que la caractéristique spécifique de la prière chrétienne est qu'elle part du Christ, et est guidée par l'Esprit. Il faut prier intensément, continuellement ; le terme « prière » indique l'action de s'adresser à Dieu et comprend également la prière de questionnement ; le terme « supplication » dans le Nouveau Testament renvoie à l'expérience du jeûne, et souligne les moments les plus intenses, les plus durs, les plus actifs de celui qui prie.

Il faut aussi être vigilant dans la prière afin qu'elle ne devienne pas routinière, que ne s'instaure pas une sorte de monologue avec soi-même, mais demeure conscience d'être face à Dieu. Elle doit être accomplie avec persévérance car elle une vraie lutte à livrer avec courage et constance.

L'invitation de Paul à prier pour *tous les saints* est intéressante en ce qu'elle commande d'être solidaires avec tous ceux qui combattent avec nous pour la foi.

Quatre remarques s'imposent :

– *Avant tout* nous nous trouvons devant une situation pleine de risques ; il est dangereux de vivre l'Évangile jusqu'au bout. Avoir le sens du risque, des difficultés est synonyme de réalisme. Ce dernier nous permet de voir les chemins de l'adversaire, ceux à travers lesquels le monde est porté au mal, en nous sentant empli de la force de Dieu. Une analyse ainsi qu'une synthèse du mystère de la perversion, faite à l'aide de l'Écriture Sacrée, nous permet d'affronter l'adversité sans peur parce que nous savons saisir en même temps l'étendue du mal et la puissance du Christ qui œuvre perpétuellement dans l'histoire.

– *Deuxième observation* : il s'agit d'une lutte qui ne connaît ni répit, ni quartier, contre un adversaire rusé et terrible, qui est hors de nous et en nous. Nous l'oublions souvent aujourd'hui, car nous baignons dans une vision historique, optimiste et déterministe censée voir s'améliorer constamment les choses, sans penser aux drames et aux fractures de l'histoire humaine, en omettant que cette dernière vit des régressions tragiques. Gare à qui, bercé par ses illusions ne s'y attend pas.

– *Troisième observation* : il n'y a que celui qui saura s'armer parfaitement qui résistera. Car l'ennemi rôde autour de nous pour découvrir s'il y a une faille dans l'armure et pour nous faire perdre notre combat.

– ***Dernière remarque***, très importante : toutes les armes, tous les éléments de l'armure doivent être continuellement perfectionnés dans la prière qui ne les remplace pas – elle ne remplace pas le zèle, l'engagement, l'esprit de la foi, la capacité de se donner –, mais c'est la réalité dans laquelle ils sont tous retrempés pour la lutte.

6. La Pâque du Christ

Vers la Passion et la Résurrection de Jésus

Qu'est-ce que la Pâque ?

La Pâque, personne ne l'ignore, est une fête juive, dont l'origine se perd dans la nuit des temps. Tout d'abord, il s'agissait simplement d'une fête de bergers pour le début de la nouvelle saison que l'on célébrait au moment de la pleine lune, après l'équinoxe de printemps. À cette occasion, on avait l'habitude de sacrifier quelques animaux du troupeau. Cette fête rappelle les origines nomades du peuple juif.

Mais ce qui rend caractéristique la fête des Juifs, c'est la célébration de la libération du joug de l'esclavage du Pharaon et de la sortie d'Égypte qui s'est déroulée entre 1800-1700 avant Jésus-Christ. On fêtait donc cet événement en sacrifiant un agneau. Ainsi la Pâque devint le grand moment qui rappelle la naissance du nouveau peuple par l'action puissante de Dieu qui le libère en tant que tel. Cette fête demeure jusqu'à nos jours la grande référence religieuse de la communauté juive. On ne la célèbre plus selon les rites anciens puisque le temple a été définitivement détruit au premier puis au deuxième siècle après J.-C., mais on la célèbre avec un repas, un dîner.

Si elle est la principale fête chrétienne, c'est que le jour précédant la pleine lune qui suit l'équinoxe de printemps, Jésus-Christ mourut sur la Croix à Jérusalem, et trois jours après, ressuscita. Cette même date, qui était et reste la date de la libération des Juifs du joug égyptien, devient pour le peuple chrétien l'histoire de la libération de la mort, donc de la Rédemption. C'est le mystère chrétien par excellence, le noyau dur de la foi chrétienne. 1600-1700 ans après l'Exode, la Pâque est vécue par les chrétiens d'abord dans la tragédie de la Croix, puis dans la proclamation du Christ ressuscité. Le Christ est vraiment ressuscité, Il est apparu à Pierre, aux Douze et aux femmes. Qui est chrétien affirme : le Seigneur est vraiment ressuscité.

Le christianisme n'est pas, comme parfois on tend à le penser, une doctrine morale, par exemple sur la primauté de l'amour ; il n'est pas non plus une doctrine sur Dieu. Il naît et se développe à partir de cette proclamation fondamentale : Jésus-Christ crucifié est vraiment ressuscité.

Si nous étudions le Nouveau Testament, les textes les plus anciens écrits au premier siècle de notre ère, nous retrouvons cette certitude : le Christ crucifié est ressuscité, nous l'avons vu, nous l'avons rencontré. Mais Jésus est ressuscité parce que Dieu le Père l'a voulu. S'il est ressuscité, c'est lui qui donne l'Esprit-Saint à l'homme. Donc Dieu est le Père, le Fils et le Saint-Esprit. Si le Christ est ressuscité, l'homme est libéré de ses péchés, et le christianisme est Rédemption, libération du péché. Si le Christ est ressuscité, il l'est pour tous les hommes.

Tout le message chrétien dérive de la résurrection du Christ ; sans elle le message serait une doctrine simple et banale, et non un événement porteur d'une conception de Dieu et de l'homme, du Dieu de la Trinité et de l'homme aimé, racheté et appelé à la vie éternelle.

Noël, qui, dans le monde occidental est célébré traditionnellement avec grande solennité pour des raisons historiques et folkloriques, marque le début de la vie de Jésus sur la terre ; cette vie atteint son sommet dans la Croix et dans la Résurrection. La fête de la Pentecôte rappelle le don de l'Esprit-Saint qui est répandu par le Crucifié. Les fêtes de la Vierge et des Saints ne sont que des reflets de ce grand mystère central. La Pâque est justement le contenu de la foi chrétienne, le cœur de la vie de l'Église parce qu'elle me dit qui est Dieu, qui est Jésus-Christ et qui nous sommes. C'est la glorieuse manifestation d'un *Dieu aimant la vie*, qui veut la vie et non la mort, d'un Dieu qui fait jaillir la vie même de la mort.

La Pâque révèle qui est *Jésus de Nazareth*, le Christ Fils unique du Père. Elle proclame qu'en lui, mort et ressuscité, converge l'histoire d'Israël et l'histoire de l'humanité.

La Pâque fait découvrir *qui est l'homme* que nous sommes, appelé à renaître avec Jésus, à dépasser le drame de la mort pour être avec lui dans la vie éternelle.

La Pâque est le nœud crucial, le pivot à partir duquel tourne tout le plan de Dieu concernant l'homme et le cosmos. C'est le centre auquel tout va et dont tout repart. La liturgie de l'Église vit la Pâque pendant une semaine complète : elle commence avec le Dimanche des Rameaux, quand on acclame le Christ en vainqueur et roi ; elle atteint son apogée dans le Triduum du jeudi, du vendredi, et du samedi avant le dimanche de la Résurrection. Le Jeudi-Saint, nous contemplons Jésus lors de la dernière Cène du Christ où il présente le pain et le vin comme signes de la décision de donner sa vie pour l'homme. Le vendredi saint est le jour de sa mort. Le Samedi-Saint on commémore la mise au tombeau de Jésus qui scelle son amour pour le monde. Et le jour de Pâques retentit l'alléluia, le cri de la victoire définitive du bien sur le mal. Un cri plus caché et implicite dans les rites des journées précédentes...

Le Dimanche des Rameaux

Le *Dimanche des Rameaux*, on lit une page de l'Évangile selon Jean :

« Le lendemain, la foule des gens venus pour la fête apprit que Jésus s'y rendait. Ils se portèrent à sa rencontre avec des palmes en criant : “Hosanna ! Béni soit celui qui vient au nom du Seigneur, le roi d’Israël !” Jésus trouva un ânon, et le monta selon cette parole de l’écriture “Ne crains point, fille de Sion, voici venir ton Roi monté sur le petit d’une ânesse » (*Zacharie* 9, 9).

« Les disciples, tout d’abord, ne le remarquèrent pas, mais une fois Jésus glorifié, ils se rendirent compte que ce texte le concernait et qu’ils l’avaient accompli pour lui » (12, 12-16).

Cela peut sembler étrange de commencer par une acclamation au Christ vainqueur et roi, mais la liturgie ignore la mélancolie. L’événement de la passion est une victoire, parce que désormais Jésus a surmonté la mort et ne la craint plus. Ce qui explique pourquoi nous le contemplons alors qu’il entre délibérément et courageusement dans la ville qui complote contre lui.

L’épisode rapporté par l’Évangile de Jean indique clairement la *circonstance* : la foule est venue à Jérusalem pour la fête juive de la Pâque que l’on célébrera quelques jours plus tard.

Nous rencontrons trois protagonistes dans ce récit : la foule, Jésus et les disciples.

– *La foule*, importante et composée de braves gens, simples, pieux. Ces personnes se sont rendues dans la ville sainte à l’avance pour « se purifier », vivre la Pâque dans la pureté cultuelle, rituelle et morale.

Ces personnes souffrent des maux de toujours : les maladies, la pauvreté, le manque de travail, les drames de famille. Elles souffrent à cause de l’oppression politique du pays, de la pression fiscale excessive, des corruptions et des vols qui contaminent la terre. La souffrance les conduit à attendre quelque chose de mieux, à regarder chaque nouvel événement avec espoir. Soudain, la foule apprend que Jésus viendra à Jérusalem pour la fête. Il était venu plusieurs fois auparavant dans la ville sainte, mais cette fois, qui sera la dernière, il accomplit un geste hardi, audacieux, lourd de dangers. Quelques jours avant, l'apôtre Thomas, apprenant que Jésus se rendrait à Béthanie sur la route de Jérusalem, s'était exclamé : « Allons-y nous aussi et nous mourrons avec lui » (*Jean* 11 ,16) ; Il comprenait que la ville voisine était pleine de menaces pour le Maître. Pourtant, Jésus arrive, en défiant l'ordre donné par les grands prêtres et les pharisiens de dénoncer sa présence afin qu'ils puissent l'arrêter.

Il accepte le risque, et la foule s'en émeut, court à sa rencontre avec enthousiasme portant des palmes. Les palmes depuis l'antiquité sont un signe de victoire. On les agitait dans certaines fêtes juives pour acclamer Dieu, le Dieu du ciel et de la terre, le Dieu qui sauvait son peuple.

Or cette fête est improvisée par les gens le long des routes, en l'honneur de Jésus qui a la réputation d'être le représentant de Dieu. « Hosanna ! » signifie : « Donne, Seigneur, ton salut, ta victoire. » Et aussi : « Béni soit celui qui vient au nom du Seigneur ! »

L'accueil réservé à Jésus, le fait de l'acclamer comme roi et Messie n'est pas une simple exaltation religieuse ; c'est une allusion précise aux attentes culturelles et sociales des gens qui n'ont pas peur de l'ovationner publiquement dans la capitale, sous les yeux des autorités, car ils sont désormais fatigués d'une politique menée à leur détriment par des hommes lointains. Ils veulent quelqu'un à qui accorder pleinement leur confiance.

– Que fait *Jésus* ? Il ne se soustrait pas à cette manifestation comme il l'avait fait en Galilée, après la multiplication des pains, quand ils étaient venus pour le proclamer roi.

Il s'exprime à travers un geste d'humilité, sans parler : au lieu d'entrer dans la ville à pied, il choisit de monter sur le dos d'un âne, l'animal le plus humble qu'il y ait, un animal de service, pour faire comprendre que sa majesté n'est pas une majesté de guerre ou de domination, mais de service.

– *Les disciples* pourtant « ne comprirent pas ». D'un côté, Jésus ne freine pas l'enthousiasme de la foule, ainsi qu'elle pouvait l'imaginer en l'ayant vu s'esquiver à diverses reprises. De l'autre, il ne s'abandonne pas à un tel enthousiasme. Peut-être, certains disciples espéraient-ils qu'il profiterait de l'occasion pour se mettre à la tête d'un mouvement populaire et restaurer le règne d'Israël contre ses ennemis.

Les apôtres sentent que la vie de Jésus est duale : la première le fait agir, accomplir des gestes de libération de l'homme, guérir, faire des miracles, vaincre les puissances adverses. Elle nous plaît et nous fascine car nous avons l'impression de comprendre. La deuxième, qui commence le dimanche des Rameaux, voit Jésus ne rien faire pour l'homme ; il n'accomplit pas de miracles, ne prononce pas de discours, ne se défend pas.

En réalité, il accepte le sens religieux de l'enthousiasme qui l'acclame, et non le sens politique. Il agit avec beaucoup de discernement, ce que les apôtres ne comprennent pas. C'est seulement plus tard qu'ils verront qu'en entrant à Jérusalem ce jour-là, Jésus s'est comporté à la fois comme un Roi messianique, Seigneur de l'histoire et tel un Seigneur humble serviteur de l'humanité.

Remarquons que Jésus entre dans Jérusalem en homme *libre*, détendu, dégagé et serein. Libre parce qu'il n'est pas déterminé par les hommes, qu'il ne craint personne, ni la mort. Sa liberté est souveraine et nous voudrions tous la posséder. Être libre d'être vraiment en harmonie avec nous-mêmes, de ne pas craindre ce que les autres peuvent dire et faire. Seule une existence libre est capable d'aimer, de se consacrer et de se donner.

Le mystère de Jésus se dévoile, mystère d'humilité, de souffrance, puis de gloire. Il est également le mystère de notre vie, si nous l'accueillons et l'expérimentons petit à petit.

Comme le dit saint Paul, c'est le mystère « caché à tous les puissants de ce monde ; sinon ils n'auraient pas crucifié le Seigneur de la gloire ».

Comme dit l'évangéliste Matthieu, c'est le mystère « révélé aux petits et aux saints », à ceux qui se trouvent dans la souffrance, sont opprimés et perçoivent quel est le vrai visage de Dieu.

Mais le discours de la passion et de la croix, réalité incontournable dans la vie de chacun, ne constitue ni le premier ni le dernier pas : il se trouve au milieu de deux moments positifs de début et de conclusion, de création et de salut définitif. La croix n'est pas la dernière parole. Voilà pourquoi on peut être dans la souffrance et dans la joie.

La primauté de la conscience

Parmi les nombreux récits bibliques que la liturgie de l'Église propose au cours des jours précédant le Triduum pascal et le dimanche de la Résurrection, nous avons particulièrement choisi un extrait de l'Ancien Testament du Livre de Tobie.

Au temps de la destruction de Jérusalem, Tobit, le père de Tobie, avait été déporté avec d'autres juifs en Orient, à Ninive, dans la plaine du Tigre et de l'Euphrate et il y vécut la vie modeste mais riche d'un exilé.

« Sous le règne d'Asarhaddon, je rentrai donc chez moi, où je retrouvai ma femme et mon fils Tobie. À la fête de Pentecôte, qui est celle des semaines, eut lieu un grand dîner ; je m'étendis pour le repas ; et on m'apporta la table couverte de plusieurs plats. Je dis alors à mon fils Tobie : "Mon enfant, va me chercher, parmi nos frères captifs à

Ninive, un pauvre au cœur fidèle, et conduis-le ici pour qu'il mange avec moi. »

« J'attendrai ton retour, mon fils." Tobie partit chercher un pauvre de nos frères. Mais il revint bientôt me dire : "Père !" Je lui répondis : "Qu'il y a-t-il mon fils ? – Voici, reprit-il, qu'un des nôtres vient d'être assassiné. On l'a étranglé, et son corps gît sur la place du marché, où il a été jeté." Je me levai aussitôt, sans toucher au repas, enlevai le cadavre du lieu où il gisait et le déposai dans une chambre, jusqu'au coucher du soleil, pour l'enterrer ensuite. Puis je revins chez moi, pris un bain et mangeai dans la tristesse, en me rappelant les paroles du prophète Amos sur Béthel : Je changerai vos fêtes en deuil et vos cantiques en chants funèbres (*Am* 8, 10). Et j'éclatai en sanglots. Quand le soleil eut disparu, je partis creuser une tombe, où j'étendis le mort. Mes voisins se moquaient de moi en disant : "Il n'a donc plus peur. Car il avait déjà failli perdre la vie pour une affaire semblable. Il s'est enfui, et le voilà qu'il recommence à ensevelir les morts ! » (*Tobie* 2, 1-8).

Le texte continue ensuite avec la longue description des souffrances de Tobit, homme fidèle, charitable, plein d'attentions pour les autres. Ce dernier entre dans une grande épreuve dont il sortira après toute une série d'événements relatés dans le *Livre de Tobie*.

Le message qui nous est délivré à travers ce passage de l'Écriture est celui de la *primauté de la conscience*. C'est un homme pauvre, exilé, qui pourrait craindre d'être à nouveau recherché et emprisonné. Placé devant un fait qui concerne son prochain, un frère tué que personne ne veut plus toucher, il obéit à sa conscience et l'enterre en affrontant toutes les conséquences possibles de son geste.

Ce geste souligne la primauté de la conscience, les valeurs que l'homme ressent intérieurement. Mais il est intéressant de suivre ce chemin jusqu'à la description de l'histoire de la Passion, au moment où Jésus de Nazareth, interrogé sur son identité devant le Sanhédrin, se déclare ouvertement Fils de Dieu, affrontant la mort. Cela relève de la même primauté de la conscience, aspect que l'on retrouve dans notre monde actuel.

Une conception réductrice de la conscience nous amène parfois à en parler avec scepticisme ou mépris, la confondant avec la pure subjectivité : j'agis selon ce qui me semble personnellement juste, qui me plaît et m'est utile.

En réalité, la conscience nous fait connaître cette loi qui trouve son accomplissement dans l'amour de Dieu et du prochain. Une loi fondamentale, insufflée par Dieu dans nos cœurs. La conscience n'est pas ce qui me vient à l'esprit, c'est le principe suprême élargi à la mesure divine. Nous pourrions l'appeler principe de la solidarité, du respect de l'autre, de l'honneur, du devoir, de la cohérence. Dieu est amour, fidélité, garant essentiel de toute vérité. Il entre dans l'intimité de l'homme et devient source d'action, de discernement. La conscience est donc quelque chose d'inviolable, ni fantaisiste, ni étrange, ni imprévisible. Elle reconnaît le grand commandement de l'amour de Dieu et du prochain, les grandes valeurs de vérité, d'honnêteté, de justice, de charité qui, comprises et ressenties, deviennent source de vie, de jugement et d'action, avec Dieu.

Le Concile Vatican II écrit : « Dans la fidélité de la conscience, les chrétiens s'unissent avec les autres hommes pour chercher la vérité et résoudre selon la vérité les nombreux problèmes moraux qui surgissent dans la vie des individus aussi bien que dans la vie sociale » (*Gaudium et Spes*, 16). La conscience n'est pas un phénomène de dispersion, au contraire elle réalise l'unité. Au nom de la même conscience, croyants et non-croyants s'unissent pour rechercher les voies de l'accomplissement de valeurs telles que le service, l'honneur, la loyauté et le respect du prochain.

On ramène souvent la conscience à une voix qui nous rappellerait une loi qu'il suffirait d'appliquer. Or la vie de l'homme présente des situations inédites, des problèmes nouveaux pour lesquels il n'est pas suffisant de s'en remettre à une loi abstraite. Sur la base fondamentale de l'amour de Dieu, du prochain et des valeurs qui en découlent, il convient de rechercher cette façon d'agir qui, mieux que tout, grandit la vie, sert l'unité entre les peuples, crée des relations pacifiques, en harmonie et dialogue permanents de toutes les personnes de bonne volonté.

Parce que tous ont une même perception des valeurs, Jean XXIII adressa certaines de ses encycliques aux hommes et aux femmes de bonne volonté au-delà des seuls évêques et chrétiens.

Il convient pour cette raison, d'éduquer les jeunes générations à la réalisation de certains choix, pour en éviter d'autres et s'abstenir de certains comportements. La formation de la conscience des jeunes passe par le silence, la prière, le recueillement, la réflexion... L'uniformisation, le vacarme, l'anonymat l'engourdissent, l'empêchent de prendre conscience de soi, lui interdisent de se trouver et de s'écouter.

Nous sommes à un tournant des civilisations occidentale et mondiale où l'avenir se fera dans la clarté des consciences.

J'ai souvent répété que le futur du monde s'appuiera davantage sur les informations, sur leur bonne gestion. Toutes les décisions humaines seront prises en fonction de choix toujours plus conscients et capables de programmer le futur. L'avenir de ce dernier s'accomplira dans la conscience, dans la vie intérieure et dans la capacité de reconnaître ce qui a de la valeur. Si, autrefois, on pouvait imaginer guider les masses avec de vagues slogans, les soumettre par des contraintes, nous assistons désormais à la chute de systèmes qui existaient depuis des décennies. Les individus retrouvent le sens de la liberté, de leur propre importance et se rebellent par rapport aux contraintes purement extérieures.

Ce qui améliore l'homme en permanence doit passer par la conviction intérieure, par la conscience acquises à travers des moments de silence, de recueillement, de réflexion. Comme à travers les rapports humains où dominent le bon sens, l'estime profonde de la personne, la promotion des valeurs. Et à travers la cohérence, la fidélité, la loyauté de ceux qui exigent de tels comportements. La conscience se propage à travers de fortes personnalités qui en forment d'autres. Dans les jours qui précèdent Pâques, l'Église accomplit un grand travail de méditation, invitant chacun à regarder la conscience du Christ, qui est la plus parfaite réalisation de la vie intérieure, de la cohérence d'une mort, de la clarté des fins, de l'ampleur de la vision humaine et divine du destin de l'individu. La conscience de Jésus se fait limpide, loyale, jusqu'au sacrifice de la vie. Grâce à elle, le mystère de Dieu, de l'amour de Dieu se traduit sans équivoque en langage humain.

La conscience obscure de Caïphe

Après l'extrait du Livre de Tobie, abordons un passage de l'Évangile selon Jean qui précède la relation de l'entrée de Jésus dans Jérusalem acclamé par la foule. La liturgie cependant le donne à lire dans les jours suivant le dimanche des Rameaux, en ce qu'il exprime la ferme décision de tuer Jésus.

« Les grands prêtres et les pharisiens convoquèrent donc le Conseil : "Que faire dirent-ils ; cet homme multiplie les miracles. Si nous le laissons faire, tout le monde va croire en lui. Alors les Romains vont intervenir et détruire notre

Lieu Saint et notre nation." L'un deux Caïphe, qui était grand-prêtre cette année-là, leur dit : "Vous n'y entendez rien, vous ne vous rendez pas compte qu'il y va de votre intérêt qu'un seul homme meure pour le peuple, et que toute la nation ne périsse pas." Ce n'était pas de lui-même qu'il disait cela ; mais comme grand-prêtre de cette année-là, il prophétisait que Jésus allait mourir pour la nation, et pas seulement pour la nation, mais pour ramener à l'unité les enfants de Dieu dispersés. Et dès ce moment, ils prirent la décision de le faire mourir. En conséquence Jésus ne circulait plus en public parmi les Juifs. Il se retira du côté du désert, dans la ville d'Ephraïm, et il y séjourna avec ses disciples » (*Jean* 11, 47-54).

Les grands-prêtres sont très préoccupés de la résurrection de Lazare par Jésus. Ils réunissent le Sanhédrin (la plus haute magistrature juive instituée à la fin du second siècle avant J.-C.). Nous sommes là devant un texte théologiquement très dense, peut-être l'un des plus denses qui soit.

– La réaction des chefs du peuple est alarmante, trouble : que devons-nous faire ? Si cela continue, que ferons-nous ?

La peur et l'émotivité dominent. La réaction est dépourvue de toute analyse objective de la situation. Il n'existe aucune écoute de l'autre, aucune tentative de replacer les événements dans l'ordre. Seules les craintes surgissent et se chevauchent, rebondissent l'une l'autre durant la réunion.

Les réactions émotives se nourrissent mutuellement jusqu'à laisser tous les hommes présents désemparés : « Alors les Romains vont intervenir et détruire notre Lieu Saint et notre nation » (*Jean* 11, 48). Voilà le cas typique d'affolement d'un conseil, d'un parlement, d'une session publique où le contrôle et le contact avec la situation réelle étant perdus, les émotions prennent le dessus.

La suggestion de Caïphe survient dans ce contexte.

– Les paroles de Caïphe, apparemment, tendent à éclaircir la situation, à donner la clé de ce qui se passe : vous n'avez rien compris, je vais vous l'expliquer ! Il y a une lumière, une solution simple qui surgit de tout cela.

La suggestion de Caïphe peut être lue et relue parce qu'elle est riche de contenus, et éclaire l'histoire antérieure du peuple d'Israël.

Avant tout me vient à l'esprit le conseil d'Achitophel dans l'histoire de David (*cf. II Samuel* 17). Il conseille à Absalom, fils de David, quelque chose de similaire : la situation est parvenue au point où quelqu'un doit mourir pour tous. Selon le conseil d'Achitophel, c'est le père d'Absalom qui doit mourir ! C'est déjà une projection messianique : quelqu'un doit mourir pour tous afin que le peuple trouve la paix.

Remontant plus avant dans l'histoire biblique, nous pouvons percevoir la nature biblique du conseil de Caïphe, en le comparant avec la suggestion du serpent dans le paradis terrestre. Le serpent s'adresse à Ève, partant d'une fausse hypothèse : Dieu vous a défendu de manger d'aucun arbre du jardin. Il introduit un élément d'émotion, de refus. Et il en découle une thèse erronée : si vous mangiez de ce fruit, vous deviendriez semblables aux dieux.

De manière analogue, le raisonnement de Caïphe part d'une fausse hypothèse, d'un faux dilemme : il faut sacrifier un individu ou le peuple.

Nous comprenons combien ce dilemme s'assimile à un odieux chantage, instituant une situation où tous les choix vont se faire dans une angoisse mortelle. Préfères-tu qu'il en meure un seul ou que tous meurent ?

Comment peut-on répondre à une question aussi dramatique ?

Son aspect diabolique pousse le conseil dans une impasse consistant à choisir le mal mineur à ses yeux. Du faux dilemme on arrive à la thèse erronée : si vous tuez cet homme, les Romains n'interviendront pas !

La suggestion de Caïphe se colore d'ouvertures politiques, de raison d'État, de nécessité de survie. Elle implique passionnément les personnes intimement liées à leur peuple, en les soumettant à un chantage qui touche leur vie au plus profond. Les représentants ne sont peut-être pas très dignes, mais ils aiment leur peuple, leur nation et ne veulent pas assumer la responsabilité d'aller contre l'avenir des leurs. Ils n'en sont pas moins pris au piège d'un raisonnement diabolique : si vous voulez sauver le peuple, il faudra sacrifier Jésus.

Ici se révèlent les voies de Satan qui nous conduisent à des impasses, nous troublent par des émotions impures, nous coupent de la réalité. Pour finir, elles nous mènent à des actes qui, sans nous sembler bons, apparaissent inévitables pour des raisons supérieures.

– Après le dramatique conseil de Caïphe, nous pouvons nous étonner du commentaire de l'évangéliste.

Jean ne lui donne pas un sens moral, comme nous essayons de le faire ici. Il opère un saut théologique, doctrinal, inattendu et inespéré : « Ce n'était pas de lui-même [...] il prophétisait. »

Il existe un plan d'action qui part des contingences humaines, où des choses honteuses, innommables se produisent. Sans en tenir compte, le plan de la providence de Dieu se déroule.

C'est pourquoi je disais que ce passage est l'un des plus denses, des plus élevés de la théologie.

Au long des contingences humaines se déroule le plan de la providence salvatrice, du dessein divin. Aux côtés du conseil diabolique se trouve le conseil du salut. C'est avec un lien semblable que le conseil humain de Caïphe s'élève au rang de prophétie, même si le terme possède, d'une certaine façon, une signification ironique, voire sarcastique. « Ce n'était pas de lui-même qu'il disait cela », mais plutôt en fonction de sa charge, de ses prérogatives de chef de peuple.

La puissance de Dieu ne renverse pas immédiatement les fonctions hiérarchiques. Elle porte une grande attention à l'ordre des situations, mais l'utilise à ses fins.

« Il prophétisait que Jésus allait mourir pour la nation, et pas seulement pour la nation, mais pour ramener à l'unité les enfants de Dieu dispersés » (*Jean* 11 ,51-52).

On ne pourrait exprimer avec des mots plus forts le sens de l'action de Jésus et la théologie de la Rédemption.

« Mourir pour la nation » est l'expression qui dans le *Credo* a été transmise : « Pour nous les hommes, il mourut », pour notre salut.

Et il le fit « pour ramener à l'unité les enfants de Dieu dispersés ». Nous devrions méditer longuement ces paroles, en partant du terme grec rassembler, mettre de l'unité.

D'autres paroles de Jésus viennent à l'esprit : « Jérusalem [...] que de fois j'ai voulu rassembler tes enfants, comme la poule rassemble ses poussins sous ses ailes, et vous ne l'avez pas voulu ! » (*Matthieu* 23, 37 ; *Luc* 13, 34). Ou bien la parabole du filet mystérieux jeté à la mer, qui ramasse des poissons de toute espèce pour la plénitude du dernier jour (*Matthieu* 13, 47). Ou encore : « Car là où deux ou trois se réunissent en mon nom, je suis au milieu d'eux » (*Matthieu* 18, 20).

Jésus a tendance à réunir les personnes, à les rassembler, c'est son dessein, que nous pourrions caractériser comme historique, et pas uniquement théologique ou spirituel. Il s'agit de rassembler tous les peuples dans l'unité, d'unir la diversité. Un tel dessein plonge ses racines dans la vision d'unité qui émane de l'Ancien Testament, par exemple au chapitre 31 de Jérémie : « Voici que je les ramène du pays du Nord, je les rassemble depuis les confins de la terre » (verset 8). Déjà la version de la Bible grecque des Septante avait ajouté ce passage célèbre du prophète : « Je les rassemble des confins de la terre dans la fête de la Pâque. » Dans la tradition juive hellénistique, rassembler les égarés avait un lien avec la fête de la Pâque.

Nous comprenons donc le fond théologique, messianique, salvateur, où sont prononcées et recueillies les paroles de Caïphe. La Pâque est proche et, à l'instant où l'on accomplit un délit politique, civil et social, Dieu rassemble son peuple selon sa promesse, dans son Fils, dans l'unité de sa vie et de sa mort, dans une unité qui sera comme celle du Père avec le Fils. « Que tous soient un, comme toi, Père, tu es en moi, et moi en toi » (*Jean* 17, 21 a).

– Comme réponse à la vue élevée de l'évangéliste, il y a une phrase dramatique qui nous ramène aux paroles du Prologue : « Il est venu chez lui, et les siens ne l'ont pas reçu » (*Jean* 1, 11). On dit ici : « Et dès ce moment ils prirent la décision de le faire mourir » (*Jean* 11, 53).

Ici s'opposent la lumière et les ténèbres, la vie et la mort, l'unité et la division, la volonté de communion et l'opposition totale à ce désir d'unité.

– La phrase par laquelle se termine le passage (*Jean* 11, 54) nous enseigne qu'à la veille des événements dramatiques qui le regardent de près, Jésus ressent le besoin, encore une fois, de se retirer dans le silence, pour un moment d'intimité avec les siens, afin d'affronter avec la plénitude de sa conscience les jours qui l'attendent.

Nous aussi, nous avons besoin de silence et de recueillement pour comprendre si nous sommes vraiment du côté de Jésus ou du côté de ceux qui, embarrassés et désemparés par les exigences de la foi, ne parviennent plus à reconnaître et à vivre la vérité.

L'Eucharistie

L'institution de l'Eucharistie

Le jeudi veille de sa mort, Jésus s'assied à table avec les apôtres pour partager avec eux le dernier dîner et, durant le repas, il anticipe de façon prophétique, par le geste et la parole, son don de lui à l'homme, qui se traduira définitivement sur la croix.

Il veut inaugurer un geste, créer un instrument qui lui survive pour réaliser l'efficacité universelle de la Pâque. Ce geste permettra de retrouver l'énergie, la force de réconciliation et de communion libérées lors de la Pâque historique. Ce geste, c'est l'Eucharistie. Dans la liturgie de l'Église, elle se présente comme la manière sacramentaire de rendre éternelle à chaque époque le sacrifice pascal de Jésus, en ouvrant la vie éternelle à l'humanité. Dans l'Eucharistie se manifeste non seulement la volonté de Jésus d'instituer un geste de salut, mais Jésus lui-même.

Prenons à présent deux passages du Nouveau Testament qui narrent ce qui se produit lors du dernier repas.

– « Pendant le repas, Jésus prit du pain ; il prononça la bénédiction, le rompit, et le donna à ses disciples en disant : « Prenez et mangez, ceci est mon corps. » Il prit ensuite une coupe, rendit grâce, et la leur donna en disant : « Buvez-en tous, car ceci est mon sang, le sang de la nouvelle alliance, répandu pour beaucoup d'hommes en rémission des péchés. Je vous le dis : désormais je ne boirai plus de ce fruit de la vigne jusqu'au jour où j'en boirai avec vous du nouveau dans le royaume de mon Père » (*Matthieu* 26, 26-29).

– Le deuxième passage se trouve dans la *Première Lettre de Paul aux Corinthiens* : « Car moi, j'ai appris du Seigneur, ce que je vous ai transmis : le Seigneur Jésus, dans la nuit où il fut trahi, prit du pain et, après avoir rendu grâce, le rompit et dit : "Ceci est mon corps, qui est livré pour vous ; faites ceci en mémoire de moi." De même, après le repas il prit la coupe et dit : "Cette coupe est la nouvelle alliance en mon sang ; toutes les fois que vous en boirez, faites ceci en mémoire de moi." Ainsi donc, toutes les fois que vous mangez ce pain et que vous buvez à cette coupe, vous annoncez la mort du Seigneur, jusqu'à ce qu'il vienne » (11, 23-26).

Ce passage de la *Lettre de saint Paul aux Corinthiens* procède d'une longue exhortation devant les assemblées chrétiennes de Corinthe. Au sein de ces dernières existaient des problèmes, des désordres, des moments d'humeur. Paul, pour clarifier les idées et mettre de l'ordre, se réfère à la tradition la plus ancienne que l'on connaisse à propos de l'Eucharistie, et qui lui a été transmise peu après la mort de Jésus. C'est le tout premier témoignage que nous possédons au sujet de la célébration de l'Eucharistie. Remarquons qu'il contient une triple dimension : une allusion au passé (« faites ceci en mémoire de moi ») ; une proclamation pour le présent (*aujourd'hui* sont ici le corps et le sang du Seigneur) ; une orientation vers le futur (« jusqu'à ce qu'il vienne », dans l'attente du retour du Seigneur).

Mémoire du passé. Le repas pascal juif se vit comme mémoire *actualisant* les faits de la libération, de l'émancipation du joug égyptien. L'Eucharistie ne nous relie pas seulement à un fait du passé, mais plutôt à une personne, Jésus Sauveur, crucifié et ressuscité. Dans toute Eucharistie, on annonce sa mort qui a détruit la méchanceté humaine déchaînée contre lui en la pardonnant, et qui a vaincu la peur de la mort. Et l'on proclame sa résurrection.

Pour le présent, le Corps et le Sang du Christ continuent à être réellement donnés. À travers le Sang de Jésus, la nouvelle alliance se réalise ***maintenant***, créant et renforçant le rapport de filiation et d'amitié qui lie l'homme à Dieu. L'histoire humaine se concentre dans l'instant extraordinaire de la célébration eucharistique.

L'Eucharistie proclame le ***futur de l'homme et de l'humanité***, anticipe ce jour sans déclin où notre vie nous fera siéger à table avec Dieu, vivre avec lui une intimité immédiate.

L'Eucharistie est obéissance et fidélité à un commandement précis de Jésus, elle est communion avec Dieu et entre les hommes, elle est ouverture à tous les peuples, anticipation et signe de la gloire future.

La signification de l'Eucharistie

Je voudrais m'arrêter sur certaines expressions des deux récits de Marc et Paul en ce qu'ils nous aident à mieux comprendre le mystère.

– La première est commune aux deux textes : « *Le sang de la nouvelle alliance.* » Jésus se situe sur le fond de la nouvelle alliance de Dieu avec le peuple d'Israël, alliance qui fait de lui le peuple de Dieu. Le sacrifice de Jésus a pour but la création du nouveau peuple, qui ne retire rien au premier (*cf. Épître aux Romains*, chapitres 9 à 11), mais qui s'étend aux dimensions de l'humanité entière.

Parler « alliance » c'est décrire l'infatigable amour avec lequel Dieu, à partir de la création, a traité l'homme en ami, a permis un salut après le péché, a libéré Israël de l'Égypte, l'a accompagné dans le chemin à travers le désert, l'a introduit sur la terre promise, signe des mystérieux biens futurs, l'a ouvert à l'espoir par la venue du Messie. En rapportant l'institution de l'Eucharistie à l'alliance, Jésus veut signifier que celle-ci nous donne la force de nous laisser attirer totalement par le mouvement de l'amour mystérieux de Dieu annoncé dans l'Ancien Testament, célébré définitivement dans la Pâque et culminant dans la plénitude de son retour : « jusqu'à ce qu'il vienne », dans l'attente de sa venue.

– La deuxième est rapportée uniquement par Paul : « Dans la nuit où il fut trahi. » C'est une allusion à Judas et à nous tous. Le Seigneur donne son corps et son sang à ceux qui le trahiront, qui le fuiront, qui le renieront. Nos trahisons, les fuites, les infidélités des hommes, ne peuvent qu'exalter la grandeur de son amour, tout comme la profondeur de la vallée fait voir la hauteur de la colline.

Dieu nous aime de cette façon. La seule mesure de son amour démesuré est le besoin de la personne aimée. Le pauvre, le malheureux, le pécheur, l'égaré sont aimés davantage que les autres. Telle une mère qui aime son fils parce qu'il est son fils et, s'il est un voyou, l'aime davantage sachant qu'il pourra devenir meilleur en se sentant aimé.

Et Dieu, qui nous est davantage père que notre père et davantage mère que notre mère, qui nous a portés dans son sein, fait de la miséricorde la réalité qui nous enveloppe de haut en bas, d'Orient en Occident. Dans sa miséricorde, nous sommes ce que nous sommes et notre misère devient le réceptacle et la mesure de sa miséricorde.

L'Eucharistie n'est pas un don offert à des personnes élues, parvenues à la perfection.

– La troisième expression, transmise par Matthieu, est en

fait : « mon sang [...] répandu pour une multitude d'hommes », c'est-à-dire pour *tous* les hommes et pour les hommes de *toutes* les époques, « en rémission des péchés ». Dans la nuit du désespoir, de la prison, de notre égoïsme, de la sécheresse, de la froideur du cœur, Jésus se donne à nous pour nous arracher aux ténèbres, pour nous inviter à croire en un Dieu qui n'est pas courroucé, dépité, amer, déçu de nos infidélités, mais s'affiche plein de tendresse, de confiance, de passion pour chaque créature à travers le doux visage du Crucifié.

L'Eucharistie dans la vie des chrétiens

Pour nous, chrétiens, il est fondamental de comprendre que le « oui » total et fidèle de Jésus au Père et aux hommes, tel que nous le célébrons dans l'Eucharistie, signifie notre « oui » au Père ainsi qu'à tous nos frères et sœurs, même à ceux qui nous critiquent, ne nous acceptent pas, nous méprisent, s'opposent à nous. L'Eucharistie serait vide de sens si elle ne devenait en nous une force d'amour pour les autres. « Faites ceci en mémoire de moi » n'est pas une parole magique. En la prononçant, Jésus nous demande de faire don de notre corps et de notre sang, d'offrir notre vie pour *tous*, de nous livrer.

Se livrer est synonyme d'une nouvelle mentalité, qui prend la place de l'ancienne de celui qui ne pense qu'à lui sans s'occuper des autres. C'est pourquoi la « Cène du Seigneur » que l'Église célèbre chaque jour, ne tolère pas d'être mise au service d'intérêts mondains, mais exige un cœur sans division du moment qu'elle est destinée à former dans le temps un unique corps du Christ. Elle doit accepter et suivre l'action miséricordieuse de Dieu. Souvent, trop souvent, nous nous approchons de l'Eucharistie sans la volonté sérieuse de nous interroger loyalement sur le sens de notre vie ; nous pensons accomplir un geste religieux, mais nous sommes bien loin de laisser remettre en cause notre existence par l'exemple de Jésus.

Dans la messe, Jésus nous rejoint avec sa Pâque et, si nous en prenons sérieusement conscience, Il dépose chaque fois en nous le dynamisme de l'amour, la force de cette charité qui est le reflet de de Dieu lui-même. L'Eucharistie nous accueille dans les régions obscures de notre éloignement spirituel, nous unit à Jésus et aux hommes, nous pousse vers le Père avec Jésus et les hommes. Elle est comme un soleil qui attire l'humanité et chemine avec elle pour atteindre un terme mystérieux, mais certain.

La nourriture eucharistique représente dans le temps, un peuple qui exprime au niveau social et non uniquement individuel, la force de l'Esprit du Christ qui transforme l'histoire. Dans cette perspective il est important de réfléchir à l'unité concrète que la vie humaine trouve dans l'Eucharistie. Il faut, bien sûr, éviter des confusions entre la transcendance – mystérieuse unité, réalisée dans l'Eucharistie – et les formes d'unification créées et opérées par les efforts humains dans les différents milieux.

Entre les deux, des relations existent. Les chrétiens vivent dans l'Eucharistie une singulière expérience d'attraction de toute leur existence dans le mystère unificateur de l'amour de Dieu. Ils doivent se sentir impliqués pour en tirer les conséquences dans leurs rapports à l'intérieur de la communauté chrétienne, mais aussi pour favoriser le rayonnement de ce mystère dans l'ensemble de la société.

Tout pas accompli, avec bonne volonté, vers un dialogue entre les individus, vers une habitude de compréhension et de collaboration, vers l'entente sur une image de l'homme de grande envergure, est cependant un signe et une préparation de l'unité des hommes dans le Christ. Il sera ainsi possible d'amener la richesse de tous les efforts humains d'unification au sein de la célébration.

Le Christ meurt crucifié

Le terrible mystère du ***vendredi saint***, le moment où Jésus meurt, est tel qu'il faut craindre de le ternir en prononçant des paroles quand la Parole se tait.

Nous pouvons pourtant nous laisser guider par des textes bibliques qui sont lus dans la liturgie de la Passion.

– Les deux premiers passages sont extraits du prophète Isaïe (50, 4-7) :

« Le Seigneur Dieu m'a donné la langue d'un disciple,
pour que je sache réconforter par la parole celui qui est abattu.
Chaque matin il éveille mon oreille
pour que j'écoute en disciple ;
le Seigneur Dieu m'a ouvert l'oreille ;
et je n'ai pas regimbé,
je ne me suis pas esquivé.
J'ai tendu le dos à ceux qui me frappaient,
et les joues à ceux qui m'arrachaient la barbe ;
je n'ai pas dérobé mon visage
aux outrages et aux crachats.
Mais le Seigneur Dieu vient à mon aide,
c'est pourquoi je ne me suis pas senti déshonoré.
Je me suis durci le visage comme une pierre,
certain de ne pas être déçu. »

Isaïe est en train de parler d'un personnage mystérieux, le serviteur de YAHVÉ, qui accepte les douleurs et les persécutions en se fiant à Dieu. D'un serviteur qui préfigure en soi les signes et les événements de la Passion de Jésus.

Il continue (*Isaïe* 53, 3-5) :

« Il était dédaigné, le rebut de l'humanité,
homme douloureux, familier de la souffrance ;
comme ceux devant qui on se voile la face,
il était honni et nous n'en faisions point de cas.
Or ce sont nos maladies qu'il a prises sur lui,
c'est de nos souffrances qu'il s'est chargé :
et nous nous imaginions qu'il était puni,
frappé par Dieu et humilié.
Mais comme c'était pour nos forfaits qu'il était frappé,
et pour nos iniquités qu'il était écrasé,
le châtiment qui nous sauve a pesé sur lui,
et c'est grâce à ses meurtrissures que nous avons la guérison. »

Ces paroles nous frappent, nous affolent et affirment comment un messager repoussé est capable de sauver l'humanité. Elles sont une clé d'interprétation de la vie de Jésus et atteignent leur intensité maximale dans la mort du Christ.

Elles nous aident à saisir la signification du feu de la Croix, la dimension intérieure de l'événement de la Passion. Jésus est le mystérieux Serviteur du Seigneur qui s'offre, avec pleine et totale obéissance, à un destin de souffrance et de mort.

Comme nous le lisons dans le récit évangélique de Matthieu, le Christ souffrant est celui qui prie le Père et lui *fait confiance*. Cette profonde confiance de Jésus, qui transparaît dans certaines situations et à travers certains mots de l'Évangile, est bien illustrée par les lectures prophétiques.

Le Serviteur souffrant qui s'en remet au Père n'est pas seulement un signe lumineux de l'amour de Dieu pour les hommes, mais devient le *représentant des hommes devant Dieu*. C'est l'homme vrai, obéissant, réconcilié avec son Seigneur, l'homme qui souffre pour la tragédie du péché, qui ouvre aux autres hommes le chemin du retour à Dieu.

Le Serviteur de YAHVÉ apparaît comme solidaire avec tout le peuple, il prend sur lui tous les péchés, implique les hommes dans le même chemin d'amour douloureux et expiateur.

– Du long récit de la passion de Jésus, tiré de l'Évangile de Matthieu, récit qu'il faudrait lire en entier et avec beaucoup d'attention, je ne soulignerai que la dernière partie :

« Cependant, Jésus poussa de nouveau un grand cri, et rendit l'esprit. Et voici que le voile du Temple se déchira en deux, de haut en bas, la terre trembla, les rochers se fendirent ; les tombeaux s'ouvrirent, et les corps de plusieurs justes trépassés ressuscitèrent. [...]. Le centurion et ses hommes, qui montaient la garde de Jésus, devant ce tremblement de terre et tout ce qui se passait, sous l'effet d'une extrême épouvante, dirent : "Cet homme est véritablement Fils de Dieu ! » (*Matthieu* 27, 50-54).

Le voile qui se déchire, la terre qui bouge, les rochers qui se brisent, les tombeaux qui s'ouvrent sont le symbole d'un grand bouleversement cosmique et d'une fantastique lutte entre les forces du bien et les forces du mal, entre la vie et la mort. Depuis le début, l'histoire humaine est celle du péché, marquée par une succession de maux personnels, sociaux, cosmiques. À un certain point, tout le mal se condense dans la passion de Jésus. Celui-ci est raillé, moqué, outragé, frappé, flagellé. Parce qu'il veut vivre l'angoisse de l'humanité, la solitude de l'homme. Il veut prendre sur lui les violences, les cruautés, les injustices, les mensonges, les médisances qui se produisent dans le monde. Il veut même vivre l'abandon du Père comme la douleur la plus grande de l'homme, pour expier tous les péchés. C'est son amour pour nous qui le conduit à la frontière de la désolation humaine afin de pouvoir la racheter en lui-même et de ramener l'homme à l'amour du Père.

C'est pour cela qu'il meurt, en arrêtant pour ainsi dire la mort qui devient le triomphe de l'amour de Dieu.

Essayons de nous plonger dans l'état d'esprit du centurion qui, face au bouleversement cosmique qui s'est passé après la mort de Jésus et ayant vu l'attitude désarmée et douce de Jésus dans la mort s'exclame : « Cet homme était véritablement le Fils de Dieu ! » C'est la première profession de foi devant la croix. Une étrange profession si nous songeons qu'elle vient d'un homme chargé officiellement de conduire le Seigneur à la mort .

Comme ce soldat de ce temps-là, nous sommes nous-mêmes impliqués dans la mort et dans le calvaire de Jésus. Nous sommes nous-mêmes protagonistes et pas seulement spectateurs de cet événement.

Ainsi, comme le centurion, nous sentons que nous ne nous trouvons pas dans les conditions adéquates pour comprendre ce qui arrive.

Il est probable que le centurion a pris part au début, de façon presque distraite, à cette série d'événements, du fait de l'ordre purement formel qu'il avait reçu.

Il aura certainement été étonné en entendant la foule crier : « Nous voulons Barabbas ! » Il aura remarqué l'absurdité du choix : d'un côté, un homme d'aspect serein, presque royal, qui venait d'être condamné et, de l'autre côté, un homme pour qui le centurion, habitué comme il l'était à ce type de personne, apparaissait clairement pour ce qu'il était, un malfaiteur à qui pourtant on laissait la liberté.

Tout ceci l'aura fait réfléchir. Par la suite, pendant le supplice, il aura vu les mauvais traitements que les soldats infligeaient à Jésus et probablement, étant habitué à voir de semblables cruautés, il n'aura pas compris grand-chose. Mais peut-être la patience de Jésus aura-t-elle commencé à pénétrer son cœur.

À mesure que la croix portée, d'abord par Jésus, puis par Simon, monte vers le lieu de la crucifixion, quelque chose déjà se passe dans l'âme du soldat témoin.

À un moment, son regard commence à fixer Jésus de façon nouvelle et surprenante, pour parvenir à l'intuition de la mystérieuse grandeur de ce condamné.

Son chemin, est au fond le nôtre qui contemplons le Crucifié. L'empruntent même ceux qui ne prennent pas pleinement part à la vie de l'Église, qui viennent de rivages lointains, à la manière du centurion païen.

Le vendredi saint est destiné à tous les hommes, à toutes les personnes de ce monde, même si, chrétiens, nous devons reparcourir le chemin de la contemplation de la croix, en regardant Jésus dans les yeux. Parce que chacun de nous peut faire mûrir dans son cœur cette exclamation, presque comme si c'était la première fois : Tu es, Jésus, le Fils de Dieu !

Comme le centurion, nous regardons le visage de Jésus et nous voyons les passants qui secouent la tête et ne croient pas à sa divinité.

Un grand nombre de nos contemporains passent rapidement, sans s'arrêter devant lui.

Ils ont probablement d'autres engagements, d'autres buts à atteindre et l'événement « Jésus » leur apparaît marginal. Pour certains la Semaine sainte et la Pâque sont simplement des dates qui, sur le calendrier, font songer au printemps, aux vacances, aux fêtes.

Peut-être même en nous y a-t-il quelque chose de superficiel. Nous nous découvrons un peu passants pressés devant Jésus qui meurt. Nous avons certainement dans le cœur des pensées, des désirs, des obligations, des préoccupations qui sont en dehors du salut qui nous est donné.

Jésus cependant nous invite à faire une halte et à le regarder crucifié, à faire comme le centurion qui ne va pas au-delà mais qui s'arrête pour le fixer, se place devant lui et se rend capable dans un tel moment de vivre ce grand vendredi saint du salut. Le soldat de cette époque finit par comprendre les événements qui se déroulent autour de Jésus – les ténèbres, le tremblement de terre – comme liés à la sublime majesté de celui qui meurt avec amour et par amour.

C'est cet amour que le centurion païen a perçu, au-delà des faits extraordinaires qui auraient pu seulement l'effrayer.

Il reste stupéfait devant le crucifié et devine le mystère de l'amour de cet homme qui va affronter la mort comme jamais aucun autre ne l'a affrontée.

Il le devine grâce à de nombreux petits faits : la façon dont Jésus accueille les offenses, ses gestes brefs et ses signes de la tête lorsqu'il lui tend l'éponge avec le vinaigre, sa prière plaintive et sainte au Père, le cri puissant avec lequel il passe de la vie au trépas.

Le mystère d'amour que la personne de Jésus révèle à travers chaque battement de cœur sur la croix est vraiment trop grand pour que quiconque ait le courage de rester un moment silencieux face à lui, pour qu'il ne se sente pas impliqué au plus profond de son être.

Peu importe alors qui nous pensons être. Seul compte ce que nous regardons, le sublime mystère du Crucifié.

Le centurion devient un symbole de la vérité du croyant : en ayant dirigé son regard sur Jésus crucifié, le reste s'est brouillé, plus rien ne compte, et il reste seul avec celui qui est le sauveur de tous.

– *Le message de Jésus crucifié* est très clair. Dieu, qui aurait pu anéantir le mal en anéantissant tous les méchants, préfère *entrer en lui* par la chair de son Fils, en Jésus, proclamant le pardon et le retour et subissant sur lui les conséquences du mal pour le racheter dans sa chair crucifiée. C'est la *loi de la croix*, le principe selon lequel le mal ne peut être éliminé, mais transformé en bien par l'exemple et par la force de la mort du Christ. La croix devient la *loi suprême de l'amour* et celui qui veut faire partie du chemin de régénération inauguré par Jésus doit entrer dans le mal du monde pour en extraire le bien de la foi, de l'espérance, de la charité, de l'amour des ennemis. La loi de la croix est formidable, elle a une efficacité souveraine sur le domaine de l'esprit et est applicable à toutes les histoires humaines. C'est le mystère du règne de Dieu, le mystère de l'Évangile. Il ne s'agit pas d'une loi acceptable pour la simple intelligence humaine naturelle. On ne peut la démontrer sans l'aide de Jésus. L'intelligence humaine naturelle la refuse, ne parvient pas à la saisir tant qu'elle n'a pas opté pour la foi.

Toutefois le Seigneur crucifié est le centre d'attraction pour tout homme et pour toute femme qui vient au monde, le centre d'attraction pour l'histoire, le centre d'attraction pour toutes les religions du monde. Toute religion trouve dans cette croix son point d'arrivée, son terme, la fin de tout éventuel mandat provisoire ; parce que tout culmine dans la majesté universelle et éternelle de Jésus-Christ, dans l'alliance de Dieu avec l'humanité, pour toujours.

Dans le cœur du crucifié, tout ce qui est « non » peut devenir « oui » et de la trahison naître l'amitié, du désaveu le pardon, de la haine l'amour, du mensonge la vérité. Voici la force de Jésus *dans et par la croix*.

La nouvelle action de Dieu dans le monde

L'événement de la Résurrection du Christ

Au déchirant cri d'abandon retentissant dans la bouche du Christ sur la croix – « Mon Dieu, mon Dieu, pourquoi m'as-tu abandonné ? » – qui résume toutes les situations d'affliction de l'humanité, répond dans la nuit du samedi saint et du jour de Pâques, un cri joyeux de foi et d'espoir : *le Christ est ressuscité !*

C'est un cri de foi parce qu'il annonce ce qui pour toujours s'est passé dans le Christ ; cri d'espoir parce qu'il annonce ce qu'attendent tous les hommes et toutes les femmes de la terre quand ils le verront ressuscité dans la plénitude de son étincelante gloire.

La résurrection de Jésus, en fait, n'est pas comme celle de Lazare (racontée dans l'Évangile de Jean au chapitre 11) qui était revenu pour peu de temps parmi les siens ; c'est une ***nouvelle action de Dieu*** ; que nous ne parviendrons jamais à imaginer avec notre intelligence, avec notre imagination, tout comme nous ne pouvons imaginer la magnifique réalité que Dieu fera de nous à notre mort et au moment de la résurrection. Une action de Dieu sur Jésus et sur nous, telle que la mort n'aura plus sur elle aucun pouvoir.

La certitude que ce cri de joie proclame que tout abîme du mal du monde sera englouti par un abîme du bien, que toute mort a son contrepoids de vie, que toute crise contient déjà son dépassement et que toute tristesse contient déjà sa joie.

Notre expérience humaine a une propension à rapetisser les espoirs, à les réduire jour après jour face aux déceptions, et notre tristesse nous amène souvent à refuser les paroles de réconfort, parce que nous n'avons pas une idée exacte de la libération apportée par Jésus ressuscité.

Le Ressuscité a vraiment inauguré un nouveau monde qui entre au milieu de nous en tant que la Pâque est une re-création, une nouvelle création de l'humanité.

La résurrection de Jésus est un fait historique, de signification cosmique, c'est le début de la transformation globale du monde. L'événement prend sa signification actuelle en transformant le sens de l'histoire et en désignant la vraie direction. Un événement ***unique*** et à la fois un événement qui révèle ***une attente constante et universelle***, inscrite dans le cœur de chaque homme et de chaque femme.

– Un événement ***unique*** : il n'est jamais arrivé un fait similaire de foi dans la résurrection définitive et glorieuse d'un homme dont la vie, la mort et la résurrection soient documentées. Cela n'est jamais arrivé dans aucune autre religion, bien qu'il y ait eu des prémisses comparables à celles présentes dans la vie terrestre de Jésus : des chefs religieux estimés de tous, porteurs de doctrines spirituelles élevées. Nombreux sont les hommes, au cours des siècles, dont on aurait voulu vérifier qu'ils vivaient encore. Pourtant seulement à propos de Jésus de Nazareth, les disciples, et même les adversaires, ont affirmé l'avoir rencontré ressuscité et ont cru qu'il vivait encore dans la plénitude de la vie divine tandis qu'il restait pour toujours près de nous avec la puissance de son Esprit.

– Un événement extraordinaire, mais qui manifeste une *loi universelle*.

Il révèle que la résurrection du Christ répond aux intuitions, aux espoirs d'un destin ouvert sur le futur, va à la rencontre de notre désir que la mort ne soit pas la dernière parole de la vie, que la pose d'une pierre tombale ne soit pas le dernier acte de notre existence.

Une telle prémonition, un tel inaliénable espoir appartiennent à l'histoire des hommes, sont dans le cœur de tous et de chacun ; tout individu, quelle que soit sa foi religieuse, vit une sorte d'acte d'espoir dans sa propre durée au-delà de la mort, et le vit et l'accomplit sur le mode de la libre acceptation, de la confiance ou du libre refus, du manque de confiance, du scepticisme. Mais l'acte de confiance dans sa propre survie, même quand il se pose, demeure une tension vers un avenir inconnu ; et lorsqu'il est nié, il nous renferme nous-mêmes, nous laisse insatisfaits, presque désespérés.

La nouvelle historique de la Résurrection de Jésus éclate au grand jour : il est apparu aux siens, transforme les attentes anxieuses des hommes en une lumière éblouissante, nous permettant de voir en lui la nouveauté absolue de notre résurrection, la certitude d'une vie qui ne s'évanouira jamais. Dans le Ressuscité se trouve glorifié un fragment d'histoire, de cosmos, en tant que signe et début du destin du genre humain et du cosmos entier, de l'homme et de la femme appelés à former le grand corps de l'humanité ressuscitée dans le Christ.

La résurrection de Jésus a donc le sens d'une existence humaine sauvée par l'œuvre de Dieu et devant lui.

Inutile de nier que dans le nouvel horizon dessiné par la résurrection du Christ sont encore présents la souffrance, l'hostilité, la lassitude, la violence, les guerres, qui nous font nous demander : Mais où est donc le changement qu'aurait opéré le Ressuscité ? La réponse est simple : la Pâque de Jésus ne nous transporte pas automatiquement dans le règne des rêves ; elle nous atteint *dans le cœur* pour nous faire parcourir avec joie et espoir ce chemin de purification et d'authenticité, de vérification de notre comportement, qui a pour objectif la certitude d'une vie qui ne meurt plus. La Pâque ne nous restitue pas à un monde irréel, mais à une existence authentique, une existence de foi, d'espérance, d'amour. Une foi qui est source de joie et de paix intérieure, une espérance qui est plus forte que les déceptions, un amour qui est plus fort que tout égoïsme. Le Ressuscité est avec nous, et avec lui nous sommes en mesure de vaincre le mal par le bien, d'extraire du mal un bien plus grand. Voici la force et la nouveauté de la Pâque.

Le récit de la résurrection de Jésus

Personne n'a été le témoin de la résurrection de Jésus. Personne n'était présent au moment où Jésus est sorti du tombeau. L'évangéliste Marc raconte comment Jésus, après sa mort, fut déposé dans un sépulcre taillé dans le roc. Passée la journée du samedi, des femmes qui veulent embaumer le corps du Seigneur, se rendent au tombeau. Quand elles y parviennent au lever du soleil, elles découvrent avec surprise que la grande pierre placée à l'entrée du sépulcre a déjà été déplacée. Elles entrent et voici qu'un jeune homme assis à droite, vêtu d'une robe blanche, leur dit : « Il ne faut pas vous effrayer. C'est Jésus de Nazareth que vous cherchez, le crucifié ; il est ressuscité, il n'est point ici ; voici la place où on l'avait déposé. Allez plutôt dire à ses disciples, notamment à Pierre, qu'il vous précède en Galilée : c'est là que vous le reverrez comme il vous l'a dit » (*Marc* 16, 6-7).

Comme les autres évangélistes, Marc se préoccupe de rapporter les faits et les paroles ; il n'ajoute rien en propre. On pourrait cependant objecter : est-ce vrai ce qu'il raconte ? La Résurrection de Jésus ne pourrait-elle pas être une légende ?

Les apparitions du Ressuscité

Nous avons des témoignages historiques irréfutables qui attestent des apparitions de Jésus ressuscité.

Les quatre Évangiles – de Matthieu, de Marc, de Luc et de Jean – décrivent les *rencontres* avec le Ressuscité justement pour souligner qu'il vit encore parmi nous, qu'il marche avec l'humanité au long des siècles.

Matthieu rapporte la rencontre de Jésus avec des femmes (28, 9-10) et avec les onze apôtres (28, 16-20). Marc décrit la rencontre avec Marie de Magdala, avec deux disciples et les onze apôtres (16, 9-18) ; Luc relate la rencontre de Jésus avec les disciples d'Emmaüs et avec les apôtres (24, 13-53) ; Jean retrace la rencontre avec Marie

Madeleine, avec les apôtres, avec l'incrédule Thomas et avec les « disciples sur le lac de Tibériade » (20, 11-29 ; 21, 1-23). Luc, dans le *Livre des Actes*, écrit que Jésus apparut aux siens pendant quarante jours, en parlant du règne de Dieu (1, 1-8).

Le plus ancien document que nous possédons de la foi chrétienne dans la résurrection, est un passage de la *Première Lettre de Paul aux Corinthiens* : « Je vous ai donc transmis d'abord l'enseignement que j'ai reçu moi-même. Le voici : le Christ est mort pour nos péchés, conformément aux Écritures ; il a été enseveli ; il est ressuscité le troisième jour conformément aux Écritures ; il est apparu à Céphas, puis aux Douze, ensuite il est apparu en une fois à plus de cinq cents frères, dont la plupart sont encore vivants (quelques-uns sont morts) ; ensuite il est apparu à Jacques, et plus tard à tous les apôtres. Enfin, en dernier lieu, il m'est apparu à moi, comme à l'avorton » (15, 3-8).

Nous remarquons que des quatre verbes attribués au Christ trois sont, dans le texte original grec, à un temps qui indique un fait qui s'est déroulé dans le passé (est mort, a été enseveli, est apparu). Le quatrième au contraire, « est ressuscité », dans le texte grec a un temps qui indique la permanence d'un événement qui s'est déroulé dans le passé, mais qui continue à avoir des effets dans le quotidien.

Jésus n'est donc pas seulement ressuscité, mais vit encore aujourd'hui pour nous et pour le monde entier. Nous pourrions dire que, si la résurrection est le moment culminant de la plénitude de la vie et de l'amour de Dieu qui se communiquent aux hommes en Jésus-Christ, une telle plénitude continue à croître à travers l'accueil de la grâce du Ressuscité, qui est fait par l'humanité dans son cheminement.

Et le Ressuscité apparaît reconstituant une série de rapports : avec les individus, les groupes, la foule, donnant à tous la capacité de vivre des relations authentiques, de pardonner, de dépasser les états conflictuels présents dans les familles, la société, les nations.

– Arrêtons-nous sur l'épisode de la ***rencontre de Jésus avec Marie de Magdala*** :

« Cependant Marie se tenait dehors, près du tombeau, et pleurait. Tout en pleurant, elle se pencha pour regarder dans le tombeau : elle aperçut alors deux anges vêtus de blanc, assis à l'endroit où avait reposé le corps de Jésus, l'un à la tête, l'autre aux pieds. "Femme, lui dirent-ils, pourquoi pleures-tu ? – Parce qu'on m'a enlevé mon Seigneur, leur dit-elle, et je ne sais où on l'a mis." À ces mots elle se retourna et aperçut Jésus debout, mais sans le reconnaître. "Femme, lui dit Jésus, pourquoi pleures-tu ? qui cherches-tu ?" S'imaginant que c'était le jardinier, elle lui dit : "Si c'est toi qui l'as enlevé, dis-moi où tu l'as mis, et j'irai le prendre." Jésus lui dit : "Marie !" Elle se retourna et lui dit en hébreu : "Rabbouni !" (C'est-à-dire Maître aimé). Jésus lui dit : "Ne me retiens pas, car je ne suis pas encore monté vers le Père ; va plutôt trouver mes frères et dis-leur : Je monte vers mon Père et votre Père, vers mon Dieu et votre Dieu." Marie de Magdala courut donc annoncer aux disciples : "J'ai vu le Seigneur, et voici ce qu'il m'a dit... » (*Jean* 20, 11-18).

Marie Madeleine est arrivée au tombeau de bon matin, elle a vu avec surprise le sépulcre vide et reste près de celui-ci en pleurant parce que son ami et Maître est mort. Elle se contenterait de savoir où il a été mis.

Elle représente l'humanité toujours à la recherche d'un sauveur, mais avec un espoir inhibé et restreint. Sa recherche de Jésus est encore très humaine : elle cherche Jésus parmi les morts, là où il n'est plus. Nous cherchons souvent Dieu là où il n'est pas, à travers des modèles d'efficacité humaine, de succès, de pouvoir, de satisfactions faciles.

La recherche de Marie Madeleine est aussi l'image d'une société affligée et égarée, qui désirerait au moins réfléchir un peu, pour comprendre les raisons de ses maux, pour voir quelles sont les erreurs qu'elle a commises.

Jésus n'est pas irrité par la recherche manquée imparfaite de la femme, car il sait qu'il y a en elle beaucoup d'amour et un profond désir. Et Marie-Madeleine voit de ses yeux celui qu'elle pensait ne plus voir, entend une voix intense qu'elle pensait ne plus jamais entendre, elle s'entend appeler par son prénom : « Marie ! »

Il est significatif que Jésus se révèle à elle non en annonçant l'événement qui le concerne : « Je suis ressuscité, je suis vivant », mais en prononçant le prénom : « Marie ! » Il s'agit d'une révélation personnelle, existentielle, qui crée la certitude que le Christ est vivant, et fait prendre la conscience d'être vraiment connu de lui, dans sa plénitude et dans sa dignité. Il s'agit, de la part de Jésus, d'un appel discret de liberté, exprimé par le prénom.

Ainsi Jésus veut-il approcher chaque homme : en l'approchant, en corrigeant les recherches incertaines, confuses, maladroites, en révélant son amour et en appelant la personne par son prénom. Chacun de nous peut faire l'expérience du Ressuscité, en découvrir le signe, même s'il ressent peu d'espoir dans son cœur et si les larmes coulent sur son visage.

– C'est dans la vie intérieure que nous pouvons découvrir l'amour de Dieu ; c'est en nous que nous pouvons nous sentir appelés et restitués à notre identité profonde, à notre vocation de fils de Dieu.

L'évangéliste Jean nous fait savoir que la première créature qui découvre les signes du Ressuscité a été une femme pleine de sensibilité, d'affection, de tendresse. Une femme pleine de cette soif, de ce désir d'aller au-delà de la mort et de la finitude humaine, qu'expérimente toute personne quand, par exemple, lors de ses journées, elle prend des décisions courageuses et honnêtes, sans en retirer aucun avantage pour sa vie présente, et en subissant même parfois un dommage. Par de semblables actes, nous comprenons que nous avons un devoir à accomplir absolument, sans retours humains et sans contraintes externes. Nous affirmons, au moins implicitement, l'existence de quelque chose, que peut-être nous n'identifions pas avec des paroles ou des concepts religieux, mais qui toutefois guide toute action honnête et désintéressée, en nous faisant pressentir comment les comptes qui ici bas ne tombent pas juste, finiront par y arriver à la fin.

Cette force intérieure et cet espoir sont un cri vers le Ressuscité. La recherche de Marie près du tombeau, sa recherche intuitive et incertaine est précieuse, c'est l'expérience incontournable d'un individu parvenu à un minimum d'authenticité et d'honnêteté avec lui-même et avec la vie.

La force intérieure et l'espoir sont l'antidote dont nous avons besoin contre la décadence sociale, morale, civile et politique. Une décadence qui tend à briser l'unité culturelle et civile d'un peuple, à lui faire perdre de vue les raisons de rester ensemble et travailler dans le même but, dans la même direction.

Pour sortir du cercle infernal de la dégradation sociale et politique, il faut que le cœur soit lourd, comme celui de Marie-Madeleine quand elle pleure, qu'il soit mû par un grand et concret espoir, qui ne soit pas lié à des circonstances contingentes, à de bas remèdes par lesquels nous ne sommes que trop portés au scepticisme.

Jésus apparaît à la femme et nous invite à changer notre façon de penser et de voir, à accepter que l'amour de Dieu fasse s'évanouir la peur, que la grâce remette le péché, que l'initiative de Dieu vienne avant tout effort humain, qu'il nous réanime et nous régénère intérieurement.

– Une autre apparition du Ressuscité mérite d'être rappelée : *la rencontre avec les deux disciples.*

« Ce jour-là même – *celui de la découverte de la tombe vide, le dimanche de la résurrection* – deux disciples cheminaient vers un bourg nommé Emmaüs, à soixante stades de Jérusalem. Ils devisaient entre eux de tout ce qui s'était passé. Pendant qu'ils causaient et discutaient ensemble, Jésus en personne s'approcha et fit route avec eux. Mais leurs yeux étaient comme bandés, de sorte qu'ils ne pouvaient le reconnaître. Il leur dit : "Quels propos échangez-vous chemin faisant ?" Et ils s'arrêtèrent, tout tristes. L'un d'eux, nommé Cléophas, lui répondit : "Serais-tu le seul étranger dans Jérusalem à ne pas savoir ce qui s'y est passé ces jours-ci ? – Quoi donc ?" Ils répondirent : "Ce qui est arrivé à Jésus de Nazareth. C'était un prophète puissant en œuvres et en paroles devant Dieu et devant tout le peuple. Nos grands prêtres et nos magistrats l'ont livré pour le faire condamner à mort, et l'ont crucifié. Nous avions l'espoir que ce serait lui qui restaurerait Israël. Avec tout cela, voici déjà le troisième jour que ces choses se sont passées. Sans doute, quelques femmes de notre groupe nous ont déconcertés. Elles sont allées avant le jour au tombeau ; elles n'y ont pas trouvé le corps, et elles sont revenues le dire, en ajoutant que des anges leur sont apparus et assurent qu'il est vivant. Quelques-uns des nôtres se sont aussi rendus au tombeau ; et ils ont trouvé les choses comme les femmes l'avaient dit ; quant à lui, ils ne l'ont pas vu. »

« Alors Jésus leur dit : "Ô gens sans intelligence ! comme votre cœur tarde à croire tout ce qu'ont dit les prophètes ! Ne fallait-il pas que le Christ souffrît ainsi, pour entrer dans sa gloire ?" Puis, à partir de Moïse, en passant par tous les Prophètes, il leur expliqua dans toutes les Écritures ce qui le concernait. Ils approchaient du village où ils se rendaient ; lui paraissait vouloir aller plus loin. Mais ils insistèrent : "Reste avec nous, disaient-ils. Le soir vient et le jour baisse déjà." Et il entra pour rester avec eux. Pendant qu'il était à table avec eux, il prit le pain, le bénit, le rompit et le leur présenta. À ce moment leurs yeux s'ouvrirent et ils le reconnurent... Mais il avait disparu. Alors ils se dirent l'un à l'autre : "N'est-ce pas que notre cœur était tout brûlant en nous, lorsqu'il parlait en chemin, et qu'ils nous expliquait les Écritures ? » (*Luc* 24, 13-32).

Nous pouvons comprendre dans ce récit quatre expériences humaines fondamentales : la marche, l'hospitalité, le partage du pain, l'ouverture des yeux.

Tout passe par un ***itinéraire*** : « Deux disciples cheminaient vers un bourg. » L'évangéliste Luc parle souvent de Jésus comme « celui qui chemine », qui est en chemin. Même le détail qui montre Jésus posant la question, et les deux s'arrêtant puis reprenant leur marche, révèle que l'on accorde beaucoup d'importance à cette expérience à travers laquelle peut être vue l'histoire de tout homme. La vie est une dynamique, qui tend vers une direction et Dieu va au devant de l'homme pour l'accompagner et cheminer avec lui.

L'hospitalité, l'accueil est un autre symbole très ancien de l'homme qui dépasse la peur instinctive de l'itinérant qui frappe à la porte. Elle est exprimée ici avec des paroles merveilleuses : « Reste avec nous », disent les deux hommes à Jésus, ne t'en va pas, nous voulons rester avec toi. Leur méfiance initiale envers l'inconnu se dissipe jusqu'à devenir fraternité : viens chez moi, sois mon hôte. En Orient, l'hospitalité est une coutume, la manière d'être de vrais hommes. Savoir accueillir quiconque, à n'importe quelle heure, à n'importe quel moment, sans jamais s'irriter est un devoir de l'Oriental. C'est un symbole qui nous interpelle, qui interpelle les habitants de nos grandes villes, qui vivent dans le même immeuble, au sein d'appartements dans les mêmes escaliers, mais s'ignorent pendant des années, sans ressentir le besoin de se fréquenter, de se connaître, de s'accueillir.

Même *le partage du pain* possède sa symbolique humaine et historique : « Pendant qu'il était à table avec eux, il prit le pain, le bénit, le rompit et le leur présenta. » Le partage du même pain est plus que de l'hospitalité, il est le partage de la table qui rend réellement frères, il est comme une cérémonie d'alliance, d'amitié : je mets en commun avec toi le pain qui est mon bien.

Luc, par la phrase, « rompit le pain » a en tête l'Eucharistie. Il veut souligner que Jésus, désormais Ressuscité et vivant, se donne aux deux hommes en se manifestant dans la charité parfaite de l'Eucharistie. Mais le partage est, de fait, un symbole humain et c'est pourquoi Jésus l'a choisi comme symbole eucharistique, comme signe du don de sa vie à l'homme.

L'ouverture des yeux est en opposition au thème de leur fermeture : « Mais leurs yeux étaient comme bandés, de sorte *qu'ils ne pouvaient le reconnaître.* » Ils sont comme aveuglés. Même Marie de Magdala, dans un premier temps, a confondu Jésus avec le jardinier. Pourquoi connaissant bien son visage, étant de ses fidèles disciples, ne comprennent-ils pas que c'est Jésus ? Les yeux de Marie sont fermés parce que noyés de larmes, de douleur, à cause de la recherche erronée. Les deux d'Emmaüs sont aveuglés pour avoir perdu tout espoir, pour n'avoir pas compris les paroles de Dieu contenues dans l'Écriture. Tout à coup « leurs yeux s'ouvrirent et ils le reconnurent ».

L'homme, plongé dans la lourdeur quotidienne, ne voit pas les merveilles de l'amour de Dieu qui l'entourent, il ne sait pas lire l'Écriture de juste façon, il craint que le Dieu de Jésus-Christ, dont il entend parler, l'empêche d'être heureux, de vivre comme il le souhaite. Mais lorsque, cheminant dans sa difficile recherche, il ouvre les yeux par la grâce du Ressuscité, il découvre avec stupeur et joie que Dieu lui est ami, lui est Père ; que Jésus lui est Frère ; que la foi est une clé de vie vraiment humaine.

Les deux disciples connaissent les Écritures, mais ils n'en perçoivent pas sa plus profonde signification. Jésus la leur explique, explique le mystère de l'homme, de l'histoire, des événements, des histoires et voici que leur cœur brûle : « N'est-ce pas que notre cœur était tout brûlant en nous [...] quand il nous expliquait les Écritures ? » Le feu ébranle, provoque un bouleversement intérieur, une forte émotion. C'est l'expérience qui naît de l'écoute vraie de la Parole de Dieu. Maintenant ils ont compris que chaque page de la Bible, du premier au dernier Livre, contient cette Parole vivante que Jésus est mort et ressuscité.

Il en résulte un enseignement précieux. Il est fondamental de connaître l'Écriture, toute la Bible, pour découvrir l'amour de Dieu pour l'homme et sa longue histoire d'amour pour nous, laquelle s'est déployée dans toute l'histoire du salut.

Dans l'ensemble, l'apparition de Jésus aux deux disciples nous rappelle que l'homme est un être en chemin et à la recherche de sens. Dans ce chemin il est appelé à reconnaître la Parole de Dieu qui le talonne, l'interpelle en permanence sur la direction de son voyage pour lui en expliquer le sens. La liberté et le bonheur de l'homme consistent dans l'accueil de cette Parole. Surtout ne pas la refuser mais ouvrir les yeux, le cœur au dessein de Dieu qui s'est révélé pleinement dans le mystère de son Fils Jésus mort et ressuscité pour nous, vivant et agissant parmi nous.

Le Crucifié ressuscité et l'éternité dans le temps historique

L'événement de la Pâque – qui se renouvelle lors de chaque célébration eucharistique – demande aux chrétiens d'être capables de dire à l'humanité : Ne crains rien, femme, ne pleure pas ! Maintenant tu sais où se trouve le chemin de la vie, désormais tu sais que ton Seigneur est avec toi.

Nous ne devons toutefois pas oublier que le Ressuscité est *pour toujours* le Crucifié et qu'il est devant le Père comme celui qui est passé, par amour, à travers la passion et la mort de la croix. Le Ressuscité, alors apparaissant aux apôtres « leur montra ses mains et son côté » transpercés, comme nous l'apprenons dans l'Évangile de Jean, au chapitre 20, 19-29. Et retournant auprès d'eux huit jours plus tard, à l'apôtre Thomas, absent lors de la première apparition de Jésus et se refusant à croire qu'il était encore vivant, il dit : « Avance ici ton doigt et vois mes mains ; mets la main dans mon côté et ne sois pas sceptique, mais crois. »

Le mystère pascal comprendra pour l'éternité, inséparablement, mort et résurrection parce que Dieu a choisi de nous sauver ainsi. Il s'est manifesté en tant qu'ami de l'homme à travers l'amour crucifié du Fils. Il s'est dépouillé dans le Fils devenu pauvre pour rendre crédible son amour pour nous.

À la vieille et nouvelle question de l'homme – qu'en sera-t-il de moi après la mort ? – la foi chrétienne ne répond pas en assurant simplement que tout continuera après la fin du temps, que tout nous sera restitué. Ce serait une réponse incomplète. La foi chrétienne affirme que l'éternité, la nouvelle vie, vraie et définitive est *déjà entrée* avec la Pâque du Christ dans mon expérience. Elle est vécue par moi *ici et maintenant*, dans l'indestructibilité de mes gestes de fidélité, de paix, d'amour, de pardon, d'amitié, d'honnêteté, de liberté responsable.

À travers ces gestes, l'homme dépasse le temps en atteignant l'éternité, dans la mesure où il accorde sa confiance à la vie et à l'éternité du Crucifié Ressuscité qui a vaincu la mort.

La résurrection de Jésus n'est pas uniquement ce qui nous attend après la mort. **C'est un fait pascal présent**, qui se réalise jour après jour en celui qui croit et qui espère, qui souffre et qui aime, qui se laisse guider par la Parole au quotidien pour suivre Jésus. Celui-ci par la passion et la mort, accomplit le passage de ce monde au Père.

Chaque fois que nous prenons courageusement une bonne décision, éthiquement importante, nous intériorisons l'éternité grâce à l'éternité de Jésus entrée parmi nous. Nous pouvons alors racheter l'angoisse du temps, sachant que nos actes de dévouement ont une valeur définitive, déposée dans la plénitude du corps ressuscité du Christ.

Nous parvenons, d'une certaine manière, à saisir également le drame des comportements non éthiques puisque même en ceux-ci se réalise l'irrévocabilité. Il peut s'agir d'actes humains accomplis par légèreté, par inconscience et alors ils sont rachetés par les peines et les douleurs que toute vie comporte. Il peut s'agir, à l'inverse, d'actes qui saisissent la personne dans sa totalité, qui la « fixent » dans le mal, le refus de Dieu et des hommes. Il n'y a de salut, face à de telles attitudes globales négatives de l'homme que dans la toute-puissance du Crucifié Ressuscité. S'il demeurait des situations de rébellion permanente et obstinée envers Dieu, le Ressuscité nous laisse néanmoins espérer, contre tout espoir, que la miséricorde divine est infinie.

Dieu, le Père qui le premier nous aime, se donne à nous en Jésus avant toute attente et espoir humains. Il nous pardonne gratuitement. Dieu, Celui dont tout vient, dont tout dépend, vers qui tout tend et tout retourne.

Notes

1 – « Ce n'était pas de lui-même qu'il disait cela ; mais, comme grand-prêtre de cette année-là, il prophétisait que Jésus allait mourir pour la nation, mais pour ramener à l'unité les enfants de Dieu dispersés. » (*Jean 11, 51-52*)

2 – A. Sonnino, *Histoires hassidiques de notre époque*, Assise/Rome 1978, p. 44.

3 – Le lecteur français pourra se reporter à l'ouvrage d'Enzio Bianchi sur la lectio divina *Prier la Parole*, diffusion Brepols.

4 – *La Bible et les exercices spirituels*, Turin 1982, p. 33.

5 – Le cardinal Martini fait allusion à la loi italienne qui a fonctionné d'abord pour les membres des Brigades Rouges, puis pour les membres de la mafia qui acceptaient de collaborer avec la justice en échange de remises de peine.

6 – *cf.* La « Pléiade », Gallimard, p. 273.

Œuvres de Carlo Maria Martini

. *Itinéraire de prière,* Médiaspaul, 1984.
. *Témoins de la Parole,* Cerf, 1986.
. *Peuple en marche pour une Église missionnaire,* Médiaspaul, 1986.
. *Sur les Chemins du Seigneur,* Desclée de Brouwer, 1987.
. *L'Église pour le monde,* Saint-Paul, 1988.
. *David et le Christ,* Culture et Vérité, diffusion Brepols, 1991.
. *Prêtres, quelques années après : méditations sur le ministère presbytéral,* Cerf, 1992.
. *Je te cherche dès l'aube,* Bayard, 1992.
. *Épreuve et Persévérance,* Cerf, 1993.
. *Vie de Moïse,* Saint-Augustin, 1994.
. *Abraham notre père dans la foi,* Saint-Augustin, 1994.
. *À l'écoute du cœur,* Albin Michel, 1995.
. *Et Dieu se fit vulnérable,* Cerf, 1995.
. *Samuel,* Cerf, 1995.
. *Bible et Vocation,* Médiaspaul, 1995.
. *Apôtre, projet de vie ou mandat ?,* Saint-Augustin, 1995.
. *S'ouvrir à la parole du Christ : maximes spirituelles,* Fates, 1995.
. *Je jouerai pour toi,* Desclée de Brouwer, 1995.
. *Que devons-nous faire ?,* Desclée de Brouwer, 1995.
. *La Femme de la Réconciliation,* Saint-Paul, 1996.
. *Mets de l'ordre dans ta vie,* Cerf, 1996.
. *Jérémie,* Saint-Augustin, 1996.
. *Saint Paul face à lui-même,* Médiaspaul, 1996.

(*source :* Electre)

Table des matières

Mise en page : Atelier Vilarem & Bardini
Achevé d'imprimer sur rotative
par l'imprimerie Darantiere à Dijon-Quetigny
en février 1997

Dépôt légal : 1er trimestre 1997
N° d'impression : 97-0029